Abkürzungen.

bs. = Absatz.
LR = allgemeines Landrecht (Preußen).
usf- = Ausführungsgesetz zu . . . . .
= Bürgerliches Gesetzbuch.
and = Band des Grundrisses.
= Strafprozeßordnung.
= Digesten.
inf- = Einführungsgesetz zu . . . . .
= Gerichtsverfassungsgesetz.
ew = Gewerbeordnung.
ru = Grundbuchordnung.
= Handelsgesetzbuch.
RA = Jüngster Reichsabschied.
= Konkursordnung.
r. = Nummer.
euß = preußisch. . . .
= Reichsverfassung.
= Strafgesetzbuch.
C. = senatus consultum.
c. = saeculum.
sp = Sachsenspiegel.
wsp = Schwabenspiegel.
= Verfassung.
V = Wechselordnung.
gl. = vergleiche.
. o. = weiter oben.
. u. = weiter unten.
= Zivilprozeßordnung.

Anfragen, Berichtigungen, Kritiken, Vorschläge für Verbesserungen erden an die Adresse der Verlagsbuchhandlung oder direkt an den Verfsser (Dr. jur. Paul Posener in Berlin N 24, Friedrichstr. 181 d) ebeten.

Grundriß
des
gesamten deutschen Recht
in Einzelausgaben
von
Paul Posener.

5. Band.

Bürgerliches Recht
(Erbrecht).

Zweite Auflage.

Berlin 1905.
J. Guttentag, Verlagsbuchhandlung,
G. m. b. H.

Inhaltsverzeichnis.

§ 1. Vorbemerkungen.

I. Das Wort **„Erbrecht“** hat zwei Bedeutungen: 1. **objektiv:** die Gesamtheit der Normen, die die Nachfolge des Lebenden in die Rechte eines Toten regeln; 2. **subjektiv:** die Berechtigung des einzelnen an einer Erbschaft.

a) **Beteiligte Personen** sind: 1. der **Erblasser,** nach dessen Tode eine Erbfolge eintritt; 2. der **Erbe,** der an die Stelle des Erblassers tritt; daneben können ferner vorkommen: 3. ein **Ersatzerbe** (substitutus), der an die Stelle eines weggefallenen eingesetzten Erben (institutus) treten soll; 4. ein **Nacherbe** (heres fideicommissarius), der einem bereits geerbt habenden Vorerben (heres fiduciarius) nachfolgt; 5. ein **Testamentsvollstrecker,** der den letzten Willen des Erblassers erfüllen soll; 6. ein **Vermächtnisnehmer** (legatarius, fideicommissarius), dem einzelne Stücke des Nachlasses zugewendet werden; 7. ein **Pflichtteilsberechtigter** (Noterbe), der ein gesetzliches Recht auf einen Erwerb aus dem Nachlasse hat.

b) **Erbschaft** ist der Inbegriff der Rechte und Pflichten, deren Vererbung zulässig ist; sie besteht auch dann, wenn **nur Schulden** vorhanden sind: hereditatis appellatio sine dubio continet etiam damnosam hereditatem.

c) Die **Nachfolge** (Sukzession) kann so erfolgen, daß der Nachfolgende (Erbe) in die gesamte Rechtsstellung des Vorgängers (Erblassers) eintritt, oder so, daß er nur in das einzelne Recht oder mehrere einzelne Rechte eintritt, oder so, daß er nicht in das gesamte, sondern in ein Sondergut eintritt. Diese Unterscheidung ist wegen des einheitlichen Erwerbsgrundes wesentlich; denn bei der Gesamtnachfolge wird alles auf einmal erworben, bei der Einzelnachfolge muß jedes Stück besonders erworben werden.

α) **Universalsukzession** (successio per und in universitatem) ist der Uebergang des gesamten Vermögensinbegriffes vom Erblasser auf den Erben oder auf die Erbenmehrheit; diese Erbfolge gilt nach römischem Rechte und nach B.

β) **Singularsukzession** ist der Uebergang eines einzelnen Vermögensstückes auf einen anderen, z. B. Vermächtnis.

γ) **Spezialsukzession** des deutschen Rechtes ist eine Sondernachfolge in eine Sondervermögensmasse, z. B. in das Lehen, die Gerade, die Morgengabe; in dieses Sondergut tritt der Erbe als Spezialuniversalsukzessor ein; siehe Band 22 7, 81.

II. **Uebersicht** der Erbrechtssysteme: Grundlage der Ordnung des Erbrechtes sind die Berufungsgründe.

1. **Berufung** (Delation) nennt man die objektiven Tatsachen, die den Erbschaftserwerb rechtfertigen.

2. **Römische** Berufungsgründe sind: a) Testament (testamentarische Erbfolge); b) Gesetz (Intestaterbfolge). Die Römer verlangen **Einheitlichkeit** des Berufungsgrundes (siehe w. u. Seite 17); sie gestatten grundsätzlich **nicht** eine Vererbung der Berufung (ausnahmsweise wird Transmission zugelassen, siehe w. u. Seite 9).

3. **Deutsche** Berufungsgründe sind: a) Gesetz; b) Erbvertrag.

4. **Gemeinrechtlich** und **ALR:** a) Testament; b) Gesetz; c) Erbvertrag

5. Berufungsgründe **nach** B sind: a) Gesetz; b) Verfügungen von Todeswegen, die wiederum eingeteilt werden in: α) letztwillige Verfügungen (Testamente), β) Erbverträge.

III. **Legalordnung:** das fünfte Buch des B „Erbrecht" ist in neun Abschnitte eingeteilt:

1. **Erbfolge** B 1922—1941.
2. **Rechtliche Stellung des Erben,** in vier Titeln:
   a) **Annahme** und Ausschlagung der Erbschaft, Fürsorge des Nachlassgerichts B 1942—1966;
   b) **Haftung des Erben für die Nachlassverbindlichkeiten,** in fünf Unterabschnitten: Nachlassverbindlichkeiten B 1967—1969, Aufgebot der Nachlassgläubiger B 1970—1974, Beschränkung der Haftung des Erben B 1975—1992, Inventarerrichtung, Unbeschränkte Haftung des Erben B 1993—2013, Aufschiebende Einreden B 2014—2017;
   c) **Erbschaftsanspruch** B 2018—2031;
   d) **Mehrheit von Erben, in zwei** Unterabschnitten: Rechtsverhältnis der Erben untereinander B 2032—2057, Rechtsverhältnis zwischen den Erben und den Nachlassgläubigern B 2058—2063.
3. **Testament,** in acht Titeln:
   a) **Allgemeine Vorschriften** B 2064—2086;
   b) **Erbeinsetzung** B 2087—2099;
   c) **Einsetzung eines Nacherben** B 2100—2146;
   d) **Vermächtnis** B 2147—2191;
   e) **Auflage** B 2192—2196;
   f) **Testamentsvollstrecker** B 2197—2228;
   g) **Errichtung und Aufhebung eines Testaments** B 2229—2264;
   h) **Gemeinschaftliches Testament** B 2265—2273.
4. **Erbvertrag** B 2274—2302.
5. **Pflichtteil** B 2303—2338.
6. **Erbunwürdigkeit** B 2339—2345.
7. **Erbverzicht** B 2346—2352.
8. **Erbschein** B 2353—2370.
9. **Erbschaftskauf** B 2371—2385.

§ 2. **Erbfolge.**

I. **Allgemeine Grundsätze.**

1. **Erbfall** ist **nach** B 1922 der Tod einer Person.

a) Hereditas viventis non datur; bei den Römern bestand die fictio legis Corneliae (Band 1 19).

b) **Todeserklärung** (Band **1** 19) begründet einen Erbfall; jedoch kann der für tot Erklärte oder zu Unrecht als tot Angesehene sein Vermögen mittels des Erbschaftsanspruches (B 2031) herausverlangen.

2. **Passive Erbfähigkeit** ist die Fähigkeit, Erblasser zu sein, also: beerbt werden zu können.

a) **Römisch:** unfähig sind Hauskinder, Sklaven, Peregrinen; seit **Justinian** können Hauskinder ab intestato beerbt werden. Gemäß nov. 5 werden **Religiose** (Klosterpersonen) mit der Profeßleistung unfähig, beerbt zu werden.

b) **ALR:** Band 21 19.

c) Nach B ist **jeder Mensch** passiv erbfähig; dagegen findet bei **juristischen Personen** keine Beerbung statt, sondern ein Vermögensanfall, siehe Band 1 31.

3. **Aktive Erbfähigkeit** ist die Fähigkeit, Erbe zu sein.

a) Nach **römischem** Rechte ist zu unterscheiden:

α) die Erbfähigkeit **überhaupt;** sie kommt nur römischen Bürgern zu, **nicht:** Peregrinen, Ketzern, Apostaten, Kindern von Hochverrätern, der Witwe, die das Trauerjahr verletzt hat.

Die Sklaven erwerben eine fremde Erbschaft nur für ihren Herrn; werden sie dagegen vom eigenen Herrn eingesetzt, (z. B. zur Verhütung des Nachlasskonkurses, Band **10** 22), dann müssen sie mit der Freiheit eingesetzt werden (servus orcinus). Später bewirkt die Einsetzung des Sklaven ohne weiteres seine Freilassung, und zwar auch dann, wenn er nur als Vulgarsubstitut, d. h. als Ersatzerbe eines Freien, eingesetzt ist, falls dieser nicht erwerben sollte.

β) Die **testamentarische** Erbfähigkeit **muß** zur Zeit der Testamentserrichtung, zur Zeit des Todes des Erblassers und von da an bis zum Erwerbe vorhanden sein. Hierbei ist zu unterscheiden:

aa) **Erbfähigkeit überhaupt,** d. i. die Fähigkeit, im Testamente als Erbe gültig eingesetzt zu werden;

bb) **Kapazität,** d. i. die Fähigkeit, aus einem bestimmten Nachlasse etwas zu erwerben. **Incapaces** sind die orbi und caelibes nach der lex Papia Poppaea; **Folge** der Einsetzung eines incapax ist die Kaduzität, d. h. das Zugewandte wird caducum (w. u. Seite 28).

b) **Nach** B ist jede Person aktiv erbfähig, sowohl die natürliche wie die juristische Person.

4. **Grundsatz der Koexistenz:** der Erbe muß im Augenblicke des Erbfalles leben. **Ausnahmen: a**) nasciturus pro iam nato habetur; **b**) embryo moralis (Band 1 38), aber nur für Stiftungen, nicht für andere juristische Personen.

5. Bestrebungen des St. Simonismus: Band 25 15.

II. Das **römische Intestaterbrecht** ist die subsidiäre Erbfolge auf Grund des Gesetzes, die nur dann eintreten soll, wenn etwa ein Römer testamentslos versterben sollte (Band 18 9).

1. Neben der Erbfolge nach Zwölftafelrecht bestand die prätorische Erbfolge; die Zwölftafelerbfolge ist durch Reformgesetze abgeändert worden. Beide Formen sind dann durch Justinian ersetzt worden.

a) **hereditas** ist die altzivile Erbfolge nach Zwölftafelrecht; sie ist ein interner Familienakt, vollzieht sich ohne Zutun der Behörde, beruht auf dem Agnationsprinzipe; sie verschafft Eigentum. Keine successio ordinum. Der Erwerb geschieht bei den heredes necessarii (w. u. Seite 8) ipso iure, sonst durch aditio etc.

b) **bonorum possessio** ist die vom Prätor eingeführte amtsrechtliche Erbfolge; sie muss bei der Behörde erbeten werden und wird grundsätzlich (edictalis) oder von Fall zu Fall (decretalis) verliehen; sie verschafft grundsätzlich nur Besitz (Band 8 20). Sie beruht auf dem Kognationsprinzipe und hat eine successio ordinum. Der Erwerb erfolgt in allen Fällen durch agnitio.

2. **Intestaterbrecht nach Zwölftafelrecht** in drei Klassen:

a) **sui**, Hauskinder des Erblassers unter dessen potestas, auch die künstlichen sui, ferner die Ehefrau in der manus;

b) **agnatus proximus**, wenn keine sui da waren;

c) **gentiles.**

In legitimis hereditatibus successio non est: ist die Berufung an einen suus gegangen, ohne dass dieser erwirbt, dann geht sie nicht etwa an den agnatus proximus, sondern die Erbschaft wird vakant und kann mit der usucapio pro herede ersessen werden.

Die Ehefrau erbt nur, wenn sie in einer Manusehe (Band 4 4) lebt.

3. **Bonorum possessio** ist die vom Prätor adiuvandi, corrigendi, supplendi iuris civilis gratia eingeführte Erbfolge in vier Klassen:

a) **unde liberi**, d. h. die sui und diejenigen Deszendenten, welche wegen capitis deminutio minima nicht mehr sui sind, z. B. emanzipierte Kinder des Erblassers;

b) **unde legitimi**, d. h. die gesetzlichen Erben des Zwölftafelrechtes; daher können die sui nochmals die bonorum possessio agnoszieren, wenn sie in der ersten Klasse die Frist für die agnitio verabsäumt haben; **bestritten** wird, daß hier die gentiles miterben;

c) **unde cognati**, d. h. die Blutsverwandten des Erblassers bis zum 6. Grade, ferner aus dem 7. Grade: sobrino et sobrina natus et nata (Kinder von Nachgeschwisterkindern);

d) **unde vir et uxor**, der überlebende Ehegatte.

Der Prätor gestattet sukzessive Berufung.

Durch die **nova clausula** Juliani de conjugendis cum emancipato liberis ejus (Band 18 10) wird, wenn neben dem emancipatus seine Kinder (als in der Gewalt des pater familias, ihres Großvaters, verbliebene sui) berufen sind, bestimmt, daß der emancipatus $1/2$, seine als sui erbenden Kinder $1/2$ des Kopfteiles des emancipatus erhalten.

Außerordentliches Erbrecht (bonorum possessio quibus ex legibus) ist das durch Kaisergesetze gewährte, vom Prätor geschützte Erbrecht folgender Personen:

a) die **mulier inops et indotata** (arme Witwe) erhält eine quarta aus dem Nachlasse ihres Mannes; bei mehr als drei Kindern bekommt sie einen Kopfteil; sie erhält nie mehr als 100 Pfund Gold.

β) Die quarta divi Pii: der unmündige Arrogierte (Band 4 28) erhält, wenn er grundlos emanzipiert wird, 1/4 des Vermögens des Wahlvaters.

γ) Mangels ehelicher Erben beerben **Konkubinenkinder** (Band 4 25) ihren Erzeuger; sie erhalten zusammen mit der Mutter 1/6 des Vermögens.

4. **Kaiserliche Reformgesetze** zur Abänderung der legitima hereditas im Sinne des Kognationsprinzipes:

a) **SC. Tertullianum** (Hadrian) gibt der Mutter mit ius liberorum ein Erbrecht gegen ihr Kind, wenn dieses keinen Agnaten (außer einer consanguinea, der agnatischen Schwester) hinterläßt;

b) **SC. Orfitianum** (Mark Aurel): die Kinder beerben ihre Mutter in erster Reihe;

c) **Valentinian**, Theodosius und Arkadius: die Enkel beerben alle Großeltern (nicht nur den väterlichen Großvater), aber für die Agnaten werden Abzüge gemacht;

d) **Konstantin:** wie zu a, auch wenn kein ius liberorum;

e) **Anastasius:** emanzipierte Geschwister des Erblassers erben neben agnatischen, letztere erhalten aber ein praecipuum (beseitigt von Justinian).

5. **Justinian** führt in den Novellen 118 und 127 eine successio ordinum et graduum in vier Klassen ein, auf dem Kognationsprinzipe beruhend und sukzessive Berufung zulassend.

Memorialverse eines Unbekannten: Descendens omnis succedit in ordine primo. — Ascendens proprior, germanus, filius ejus. — Tunc latere ex uno frater, quoque filius ejus. — Denique proximior reliquorum quisque superstes.

Die **vier Klassen** der Intestaterbfolge nach der Novelle Justinians:

1. **Deszendenten,** d. h. Söhne, Töchter, Enkel, Urenkel ohne Unterschied von Kognation und Agnation. Entferntere Deszendenten, deren parens fortgefallen ist, erben neben näheren aus Repräsentationsrecht, das durch den Freiburger Reichsabschied von 1498 für Tochterkinder eingeführt worden ist.

2. Der **nächste Aszendent** und daneben **vollbürtige Geschwister** (falls diese fortfallen: deren Kinder ersten Grades).

Folgende **Möglichkeiten** sind gegeben:

a) sind nur gleich nahe Aszendenten vorhanden, dann wird nach Linien geteilt;

b) sind Aszendenten und Geschwister vorhanden, dann wird nach Köpfen geteilt;

c) sind nur Geschwister vorhanden, dann wird nach Köpfen geteilt;

d) sind neben Aszendenten oder Geschwistern noch Geschwisterkinder vorhanden, dann wird letzteren der Stammteil ihres Parens gegeben;

e) sind nur Neffen und Nichten, die von verschiedenen Geschwistern abstammen, vorhanden, dann erfolgt Teilung nach Köpfen (Reichsabschied von Speier 1529 auf Grund der Ansicht des Azo). Dagegen vertrat der Glossator Accursius (Band 1 11) die Ansicht, dass nach Stämmen zu teilen wäre; dies gilt nach ALR und nach B.

3. **Halbbürtige Geschwister** und deren Kinder.

4. **Alle übrigen Seitenverwandten;** der entfernteste Kognat schließt den Ehegatten aus.

Nach diesen vier Klassen erben noch diejenigen Personen, die auf Grund der bonorum possessio unde vir et uxor und quibus ex legibus berufen sind.

III. **Deutsches Erbrecht:**

1. **Grundsätze des ältesten Rechtes:**

a) Kinder in der Were erben ohne weiteres; andere nur durch Anfertigung, d. h. durch Besitzergreifung;

b) Männer gehen den Weibern vor;

c) Fallrecht, ius recadentiae: paterna paternis, materna maternis (Erbgut geht den Weg, daher es gekommen).

2. **Parentelenordnung** des entwickelten deutschen Rechtes, insbesondere des Ssp, ist das Vorbild des B.

a) **Parentel** ist die Gesamtheit von Personen, die aus einem Stammvater (Eltern) und den davon abstammenden Personen sich zusammensetzt. **Grundsatz:** das Erbe klimmt nicht gern.

b) **Erbberechtigt** ist, wer zum Erblasser in der nächsten Parentel steht; die nähere Parentel schließt die entferntere Parentel aus.

c) **Innerhalb** einer Parentel entscheidet im allgemeinen die Gradesnähe.

d) Die **einzelnen Parentelen** sind nicht der Zahl nach beschränkt; es werden so viele Parentelen gebildet, bis ein Erbe gefunden ist.

α) In der **ersten Parentel** stehen die Kinder des Erblassers und die Kindeskinder mit Repräsentationsrecht; bei einer Abschichtung von Kindern (Band 4 12) haben diese keine Ansprüche gegenüber dem Erblasser und den gleichberechtigten Erben, wohl aber gegenüber Ferneren.

β) In der **zweiten Parentel** muß unterschieden werden:

aa) **älteres Recht:** zuerst erbt der Vater; ist er tot, dann die Mutter mit **Schofsfallrecht:** das Kind fällt wieder in der Mutter Schofs; sind beide Eltern aber tot, dann der Bruder und die Schwester;

bb) **später** sind Vater und Mutter gleichgestellt;

cc) nach der **Rezeption** erben die Eltern gemeinsam mit den **Geschwistern**; und zwar: vollbürtige Geschwister erben mit beiden Händen, d. h. von Vater- und Mutterseite, die halbbürtigen nur mit einer Hand.

γ) In der **dritten Parentel** erben die Geschwisterkinder vor den Großeltern und den anderen Verwandten; jedoch nach einzelnen Rechten ist hier der Grad überhaupt entscheidend.

δ) **Weitere** Parentelen nach Bedarf.

3. **ALR:** Band 21 46.

IV. Gesetzliche Erbfolge nach B 1924—1936 ist eine auf dem Prinzipe der Blutsverwandtschaft beruhende Parentelenordnung von unbeschränkt vielen Ordnungen.

1. Die **Ordnungen** der gesetzlichen Erbfolge:

a) In der **ersten Ordnung** erben die ehelichen Abkömmlinge (bei der Mutter auch uneheliche) ohne Unterschied des Grades; entferntere (z. B. Enkel) treten in den Grad des parens ein. Kinder erben nach Kopfteilen, Enkel nach Stämmen.

Ein parens kann aus verschiedenen Gründen wegfallen, z. B. durch Tod, Verzicht, Enterbung. — **Gegensätze:**

α) **Verzicht** erfolgt vor dem Erbfalle, wird in einem öffentlich beurkundeten Vertrage erklärt und gilt grundsätzlich für den Stamm; (nur bei besonderer Abrede können die Kinder des Verzichtenden erben).

β) **Ausschlagung** erfolgt nach dem Erbfalle, und zwar einseitig durch öffentlich beglaubigte Erklärung gegenüber dem Nachlassgerichte; sie wirkt nur für die Person des Ausschlagenden.

b) In der **zweiten Ordnung** erben die Eltern und deren Abkömmlinge; und zwar: sind nur Eltern vorhanden, dann erhalten sie alles; für die fortgefallenen Eltern treten deren Abkömmlinge ein, als ob sie die Eltern beerben, daher ist die Vollbürtigkeit und Halbbürtigkeit von Unterschied. Die Geschwister des Erblassers erben also nicht als solche, sondern als Kinder der Eltern des Erblassers.

c) In der **dritten Ordnung** erben die Großeltern und für ausfallende Großeltern deren Abkömmlinge; die **väterliche Linie** ist von der mütterlichen Linie zu scheiden: es wird so lange in derselben Linie geerbt, bis niemand mehr da ist; erst dann, wenn in der einen Linie kein Erbe ist, geht der ganze Nachlaß auf die andere Linie über.

d) In der **vierten Ordnung** erben zuerst alle Urgroßeltern ohne Rücksicht auf Linien nach Kopfteilen. Es besteht hier kein Eintrittsrecht der Abkömmlinge: so lange einer der Urgroßeltern erbt, kommt kein Abkömmling in Betracht (lex Stumm). Sind aber alle Urgroßeltern weggefallen, dann kommt der nächste Verwandte des Erblassers nach dem Grade; gleich nahe Verwandte erben zu gleichen Teilen.

e) **Fünfte** und weitere Ordnungen ohne jede Grenze: der dem Grade nach nächste Verwandte des Erblassers schließt alle weiteren aus.

2. Das **Erbrecht des Ehegatten:** der Ehegatte ist neben Verwandten der ersten Ordnung zu einem Vierteile, neben Verwandten der zweiten Ordnung oder neben Großeltern zur Hälfte der Erbschaft als gesetzlicher Erbe berufen. Sind weder Verwandte der ersten oder der zweiten Ordnung, noch Großeltern vorhanden, so erhält der überlebende Ehegatte die ganze Erbschaft.

a) **Voraus:** ist der Ehegatte neben Verwandten der zweiten Ordnung oder neben Großeltern gesetzlicher Erbe, so gebühren ihm außer dem Erbteile die zum ehelichen Haushalte gehörenden Gegenstände, soweit sie nicht Zubehör eines Grundstückes sind, und die Hochzeitsgeschenke als Voraus.

Das Erbrecht des Ehegatten sowie das Recht auf den Voraus ist **ausgeschlossen,** wenn der Erblasser zur Zeit seines Todes auf Scheidung wegen Verschuldens des Ehegatten zu klagen berechtigt war und die Klage auf Scheidung oder auf Aufhebung der ehelichen Gemeinschaft erhoben hatte.

b) Gehört der Ehegatte zu den erbberechtigten Verwandten, so erbt er **zugleich** als Verwandter; der Erbteil, der ihm auf Grund der Verwandtschaft zufällt, gilt als besonderer Erbteil. **Beispiel:** der Erblasser ist der Onkel seiner Frau.

3. **Erbrecht des Fiskus:** ist zur Zeit des Erbfalles weder ein Verwandter noch ein Ehegatte des Erblassers vorhanden, so ist der Fiskus des Einzelstaates, dem der Erblasser zur Zeit des Todes angehört hat, gesetzlicher Erbe; hat der Erblasser mehreren Einzelstaaten angehört, so ist der Fiskus eines jeden dieser Staaten zu gleichem Anteile zur Erbfolge berufen.

War der Erblasser ein Deutscher, der keinem Einzelstaate angehörte, so ist der Reichsfiskus gesetzlicher Erbe.

Der Fiskus haftet nur beschränkt; Ansprüche können erst dann geltend gemacht werden, wenn vom Nachlassgerichte festgestellt ist, dass ein anderer Erbe nicht vorhanden ist. Er hat kein Ausschlagungsrecht.

V. **Verfügungen von Todeswegen** überhaupt sind die nach B möglichen Veränderungen des gesetzlichen Erbrechtes.

1. **Römisch:** das Testament ist das Normale, die Intestaterbfolge kommt nur mangels eines Testamentes zur Anwendung. **Nach** B ist die gesetzliche Erbfolge das Primäre.

2. **Deutsch**: es gilt Einheitlichkeit des Berufungsgrundes (w. u. Seite 17); **nach** B kann derselbe Erblasser gleichzeitig gesetzlich, testamentarisch und vertraglich beerbt werden.

3. **Veränderungen** der gesetzlichen Erbfolge des B können in folgenden Formen gewollt sein:

a) Der Erblasser kann durch einseitige Verfügung von Todeswegen (**Testament**, letztwillige Verfügung) den Erben bestimmen.

b) Der Erblasser kann durch Testament einen Verwandten oder den Ehegatten von der gesetzlichen Erbfolge ausschliessen, ohne einen Erben einzusetzen.

c) Der Erblasser kann durch Testament einem anderen, ohne ihn als Erben einzusetzen, einen Vermögensvorteil zuwenden (**Vermächtnis**).

d) Der Erblasser kann durch Testament den Erben oder einen Vermächtnisnehmer zu einer Leistung verpflichten, ohne einem anderen ein Recht auf die Leistung zuzuwenden (**Auflage**).

e) Der Erblasser kann durch Vertrag einen Erben einsetzen sowie Vermächtnisse und Auflagen anordnen (**Erbvertrag**).

Als Erbe (Vertragserbe) oder als Vermächtnisnehmer kann sowohl der andere Vertragschliessende als ein Dritter bedacht werden.

§ 3. Rechtliche Stellung des Erben.

I. Annahme und Ausschlagung der Erbschaft.

1. **Römisch**: mit dem Erbfalle ist die hereditas ein Universalvermögen ohne Subjekt (Band 1 17) geworden; das Subjekt der Erbschaft, der Erbe, tritt auf folgende Weise ein:

A. bei der **zivilen** Erbfolge (hereditas):

a) **ohne weiteres**: als heres necessarius ohne Erbschaftsantritt; **heredes necessarii** sind: α) die sui des Erblassers; β) die Sklaven des Erblassers.

Schutz der necessarii gegen einen überschuldeten **Nachlass**: die **sui** haben kraft Verfügung des Erblassers (filius heres esto, si volet) das beneficium abstinendi, kraft dessen sie sich von der Erbschaft lossagen können; die **Sklaven** (w. o. Seite 3) haben kein beneficium, haften aber, wenn sie ihren freien Erwerb absondern, nur mit der Erbschaft.

b) **nur durch Antritt**: in allen anderen Fällen (heredes extranei). Mit dem Erbfalle tritt die Delation ein; die Erbschaft ist so lange hereditas iacens, bis ein berufener Erbe die Delation angenommen hat.

Bis zum Erwerbe durch den Erben kann die hereditas iacens von jedem okkupiert oder binnen einem Jahre ersessen werden (usucapio improba et lucrativa, Band 18 18); hiergegen später das SC. Juventianum (w. u. Seite 14) und eine Verordnung von Mark Aurel, durch welche diese usucapio pro herede als crimen expilatae hereditatis bestraft wurde.

Formen des Erbschaftsantrittes sind: 1. aditio, formlose Erklärung; 2. pro herede gestio, konkludentes Schweigen; 3. cretio, förmlicher Antritt vor Zeugen auf Grund letztwilliger Anordnung des Erblassers; die Kretion erfolgt mit den Worten: hanc hereditatem adeo cernoque; Arkadius und Honorius haben sie beseitigt.

B. Bei der **prätorischen** Erbfolge ist stets agnitio erforderlich; der Erbe hat innerhalb der vom Prätor gesetzten Frist die bonorum possessio zu agnoszieren.

C. **Transmission** ist die Vererbung der zivilen Berufung. Das Recht aus der Berufung gilt grundsätzlich nur für die Person des Delaten; wenn er vor dem Erwerbe stirbt, dann ist die Delation aufgehoben. Ausnahmen hiervon sind die folgenden Transmissionen:

a) **transmissio ex capite in integrum restitutionis** bei unverschuldeter Versäumung des Antrittes;

b) **transmissio ex capite infantiae** für den Vater eines in der infantia versterbenden Kindes;

c) **transmissio Theodosiana** für die Deszendenten eines eingesetzten, vor der Testamentseröffnung (ante apertas tabulas) versterbenden Deszendenten, weil wegen der lex Julia de vicesima hereditatum kein Antritt vor der gerichtlichen Testamentseröffnung erfolgen durfte;

d) **transmissio Justinianea**, wenn der Delat noch in der Deliberationsfrist oder in einem Jahre seit seiner Kenntnis von der Delation stirbt, dann kommt der Rest der Frist seinen Erben zugute.

e) **Uneigentliche** Transmissionsfälle sind: transmissio **ex capite suitatis** für die Erben eines als suus erbenden Hauskindes; ferner: transmissio **ex iure patrio**, der Hausvater kann eine von seinem Kinde ausgeschlagene Erbschaft für sich erwerben.

2. **Deutsch**: die Hausgemeinschaft ist die Grundlage des Erbrechtes, daher erfolgt der Anfall ipso iure. **Später** gilt: Sterben macht erben; **der Tote erbt** (d. h. macht zum Erben) **den Lebendigen**, le mort saisit le vif.

3. Nach B 1942 gibt es eine hereditas iacens nicht mehr; der Anfall erfolgt vielmehr von Rechtswegen, gleichviel aus welchem Berufungsgrunde. Jeder Erbe darf ausschlagen, ausgenommen der Fiskus als gesetzlicher Erbe (wohl aber darf er als Testamentserbe ausschlagen).

Die Ausschlagung ist binnen **sechs Wochen**, oder, wenn der Erblasser seinen letzten Wohnsitz im Auslande gehabt hat, oder wenn der Erbe beim Beginne der Frist im Auslande sich aufhält, binnen **sechs Monaten**, in öffentlich beglaubigter Form gegenüber dem Nachlaßgerichte zu erklären.

Eine Annahme oder Ausschlagung kann immer nur für das Ganze erklärt werden, und zwar stets ohne Bedingung oder Befristung.

Das Ausschlagungsrecht ist vererblich; für den Fall der Ausschlagung gilt der ausschlagende Erbe als nicht vorhanden.

Die Anfechtung der Ausschlagung gilt als Annahme; ebenso umgekehrt.

II. **Nachlaßgerichtliche Fürsorge**: bis zur Annahme der Erbschaft hat das Nachlaßgericht für die Sicherung des Nachlasses zu sorgen, soweit ein Bedürfnis besteht. Das Gleiche gilt, wenn der Erbe unbekannt oder wenn ungewiß ist, ob er die Erbschaft angenommen hat.

Das Nachlaßgericht kann insbesondere die **Anlegung von Siegeln,** die Hinterlegung von Geld, Wertpapieren und Kostbarkeiten sowie die Aufnahme eines Nachlaßverzeichnisses anordnen und für denjenigen, welcher Erbe wird, einen Pfleger (Nachlaßpfleger) bestellen.

Gegen den Nachlasspfleger können Ansprüche, die gegen den Nachlass sich richten, erhoben werden, obwohl ein Erbe noch nicht vorhanden ist.

§ 4. Haftung des Erben für Nachlaßverbindlichkeiten.

I. **Geschichtliches.**

1. Nach **römischem** Rechte haftet der Erbe zunächst grundsätzlich für die Schulden des Erblassers, weil er dessen Person fortsetzt; er kann sich als heres extraneus nur durch **Ausschlagung** vor einer überschuldeten Erbschaft retten.

a) **Aelteres Recht:**

α) zeigt sich erst nach dem Erwerbe der Erbschaft, dass sie überschuldet ist, dann wird (seit Hadrian) dem Erben eine in integrum restitutio gegen den Antritt gewährt. Soldaten haben seit Gordian einen gesetzlichen Anspruch auf Wiedereinsetzung.

β) Eine beschränkte Haftung besteht sonst nur in Einzelfällen, z. B. für den Fiskus, für den pater arrogans.

γ) Der Erbe kann mit den Erbschaftsgläubigern einen Vertrag abschliessen, auf Grund dessen er die Erbschaft annimmt, aber für die Schulden nur in bestimmter Höhe haftet, ev. werden ihm diese zum Teile auch erlassen. Damit alle Gläubiger diesen Vertrag abschliessen, erfolgt gerichtliche Ladung, der Mehrheitsbeschluss bindet die anderen Gläubiger.

b) **Seit Justinian** besteht das beneficium inventarii; ein sofort antretender Erbe haftet nur mit der Erbschaft, wenn er binnen 30 Tagen das Inventar beginnt und es in weiteren 60 Tagen vollendet. Bittet der Erbe um eine Deliberationsfrist, anstatt sofort anzutreten, dann ist die Haftung nicht auf die Erbschaft beschränkt. Beim Verdachte unrichtiger Inventarisierung können die Gläubiger vom Erben den Eid verlangen, daß er redlich inventarisiert habe; daraus ist der Manifestationseid entstanden.

Beneficium separationis: jeder Gläubiger des Erblassers kann beim Prätor eine Trennung der Erbschaft vom Erbenvermögen durch ein Dekret verlangen, wenn bei Ueberschuldung des Erben die Forderungen an den Nachlass gefährdet erscheinen. Eine Separation nach erfolgter Vereinigung ist ausgeschlossen; sonst besteht eine Frist von 5 Jahren.

Für die Gläubiger des Erben besteht dieses beneficium nicht, denn sie wussten, mit wem sie sich eingelassen hatten.

2. Nach **deutschem** Rechte gehen anfangs die Schulden durch den Tod des Schuldners unter; später werden einzelne Schuldverhältnisse vererblich.

a) **Nach Ssp** sind Spiel- und Deliktsschulden unvererblich; für die übrigen Schulden wird mit der Fahrhabe gehaftet.

b) **Später** gilt: wer erbt, der zahlt; — aus dem Nachlasse werden zunächst die Schulden gezahlt. Ueber den Nachlaß hinaus kann der Erbe nicht haftbar gemacht werden; nur die Gläubiger, die auf den **Schuldenruf** (Aufgebot mit Fristsetzung) sich gemeldet haben, werden berücksichtigt.

II. **Grundsätze des** B für die Erbenhaftung:

1. **Gegenstand** der Erbenhaftung sind die Erbschaftsschulden und die Erbfallschulden.

a) **Erbschaftsschulden** sind die vom Erblasser herrührenden Schulden, d. h. die bei seinen Lebzeiten entstandenen Verbindlichkeiten.

b) **Erbfallschulden** sind die durch den Erbfall, also nach dem Tode des Erblassers, entstandenen Schulden; Erbfallschulden sind:

α) die den **Erben als solchen** treffenden Verbindlichkeiten, insbesondere die Verbindlichkeiten aus Pflichtteilsrechten, Vermächtnissen und Auflagen;

β) die Kosten der standesmässigen **Beerdigung** des Erblassers;

γ) der **Dreissigste**, d. i. die Verpflichtung des Erben, Familienangehörigen des Erblassers, die zur Zeit des Todes des Erblassers zu dessen Hausstande gehört und von ihm Unterhalt bezogen haben, in den ersten dreissig Tagen nach dem Eintritte des Erbfalles in demselben Umfange, wie der Erblasser es getan hat, Unterhalt zu gewähren und die Benutzung der Wohnung und der Haushaltsgegenstände zu gestatten;

δ) die Kosten der **Nachlassverwaltung** und des **Nachlasskonkurses**;

ε) der dem Ehegatten gebührende **Voraus** (w. o. Seite 7);

ζ) die Kosten einer **provisorischen** Besorgung von Erbschaftsgeschäften;

η) der **Unterhaltsanspruch** der Mutter eines noch nicht geborenen Erben;

ϑ) die Verpflichtungen aus der **Geschäftsführung** eines Nachlassverwalters;

ι) die **Erbschaftssteuer.**

2. Aus dem Wortlaute des B ist nicht zu entnehmen, ob die Erbenhaftung grundsätzlich unbeschränkt oder beschränkt ist; wesentlich ist die Kontroverse für die Beweislast.

a) Nach **Strohal**, Jäger, Wendt, v. Staudinger, Cosack, Planck, Matthiaß haftet der Erbe prinzipiell **unbeschränkt.**

b) Nach **Ecrius**, Endemann, Enneccerus-Lehmann, Frommhold haftet der Erbe prinzipiell **beschränkt.**

III. Die **Formen der Erbenhaftung** nach B 1970—2017.

1. Eine **zeitweilige Haftungsbefreiung** tritt dadurch ein, daß der Erbe die Berichtigung von Nachlaßverbindlichkeiten überhaupt verweigert, und zwar deshalb, weil ihm aufschiebende Einreden zustehen. Zwei Fälle:

a) der Erbe ist berechtigt, die Berichtigung einer Nachlaßverbindlichkeit bis zum Ablaufe der ersten drei Monate nach der Annahme der Erbschaft, jedoch nicht über die Errichtung des **Inventars** hinaus, zu verweigern;

b) hat der Erbe den Antrag auf Erlassung des **Aufgebotes** der Nachlaßgläubiger innerhalb eines Jahres nach der Annahme der Erbschaft gestellt und ist der Antrag zugelassen, so ist der Erbe berechtigt, die Berichtigung einer Nachlaßverbindlichkeit bis zur Beendigung des Aufgebotsverfahrens zu verweigern.

2. Eine **beschränkte Haftung** des Erben tritt ein:

a) bei der **Abzugseinrede**: der Erbe haftet zwar persönlich (pro viribus hereditatis), aber nur mit dem Ueberschusse des Nachlasses, gegenüber zwei Kategorieen von Gläubigern, nämlich:

α) solchen, die im **Aufgebotsverfahren** nicht sich gemeldet haben;
β) solchen, die fünf Jahre nach dem Erbfalle sich melden.

b) bei der **Nachlaßverwaltung,**
c) beim **Nachlaßkonkurse,**
d) bei der **Unzulänglichkeitseinrede:** ist die Anordnung der Nachlaßverwaltung oder die Eröffnung des Nachlaßkonkurses wegen Mangels einer den Kosten entsprechenden Masse nicht tunlich, oder wird aus diesem Grunde die Nachlaßverwaltung aufgehoben oder das Konkursverfahren eingestellt, so kann der Erbe die Befriedigung eines Nachlaßgläubigers **insoweit verweigern,** als der Nachlaß nicht ausreicht. Der Erbe ist in diesem Falle **verpflichtet,** den Nachlaß zum Zwecke der Befriedigung des Gläubigers im Wege der Zwangsvollstreckung herauszugeben.

Das Recht des Erben wird nicht dadurch ausgeschlossen, dass der Gläubiger nach dem Eintritte des Erbfalles im Wege der Zwangsvollstreckung oder der Arrestvollziehung ein Pfandrecht oder eine Hypothek oder im Wege der einstweiligen Verfügung eine Vormerkung erlangt hat.

3. Im übrigen tritt stets **unbeschränkte** Haftung ein.

IV. **Nachlaßverwaltung und Nachlaßkonkurs.**

1. Die **Nachlaßverwaltung** ist vom Nachlaßgerichte anzuordnen, wenn der Erbe die Anordnung beantragt; auf Antrag eines **Nachlaßgläubigers** ist sie anzuordnen, wenn Grund zur Annahme besteht, daß die Befriedigung der Nachlaßgläubiger durch das Verhalten oder die Vermögenslage des Erben gefährdet wird. Der Antrag kann nicht mehr gestellt werden, wenn seit der Annahme der Erbschaft zwei Jahre verstrichen sind.

a) Die Nachlaßverwaltung kann **abgelehnt** werden, wenn eine den Kosten entsprechende Masse nicht vorhanden ist.
b) Mit der Anordnung der Nachlaßverwaltung **verliert** der Erbe die Befugnis, den Nachlaß zu verwalten und über ihn zu verfügen. Ein Anspruch, der sich gegen den Nachlaß richtet, kann nur gegen den Nachlaßverwalter geltend gemacht werden. Zwangsvollstreckungen und Arreste in den Nachlaß zugunsten eines Gläubigers, der nicht Nachlaßgläubiger ist, sind ausgeschlossen.
c) Der **Nachlaßverwalter** hat den Nachlaß zu verwalten und die Nachlaßverbindlichkeiten aus dem Nachlasse zu berichtigen; er ist für die Verwaltung des Nachlasses auch den Nachlaßgläubigern verantwortlich. Er darf den Nachlaß dem Erben erst ausantworten, wenn die bekannten Nachlaßverbindlichkeiten berichtigt sind. Für die Führung seines Amtes kann er eine angemessene Vergütung verlangen.
d) Die Nachlaßverwaltung **endet** mit der Eröffnung des Nachlaßkonkurses; sie kann aufgehoben werden, wenn sich ergibt, daß eine den Kosten entsprechende Masse nicht vorhanden ist.

2. Der **Nachlaßkonkurs** ist im Falle der Ueberschuldung (Band 10 27, 29) des Nachlasses zu beantragen.

V. Die **Inventarerrichtung** nach B 1993—2013, ist die Einreichung eines ordnungsmäßig aufgenommenen Verzeichnisses des Nachlasses beim zuständigen Nachlaßgerichte.

1. Der Erbe ist **berechtigt**, ein Inventar zu errichten; **verpflichtet** ist er hierzu in dem Falle, daß ihm das Gericht auf Antrag eines Nachlaßgläubigers eine Frist zur Inventarerrichtung bestimmt. Dem **Fiskus** kann eine Inventarfrist nicht bestimmt werden.

2. **Wirkungen** der Inventarerrichtung:

a) das Inventar begründet den Nachlaßgläubigern gegenüber die **Vermutung**, daß zur Zeit des Erbfalles weitere Nachlaßgegenstände als die angegebenen nicht vorhanden gewesen seien.

b) Der Erbe kann auch ohne Inventarerrichtung nur beschränkt haften, falls die Nachlaßverwaltung ꝛc. (siehe w. o. Seite 11) eingesetzt ist. Hat er aber das Inventar **nicht** errichtet, so ist ihm die Möglichkeit genommen, eine beschränkte Haftung herbeizuführen; er haftet dann **unbeschränkt**.

2. **Der Erbe haftet stets unbeschränkt**, und zwar gegenüber **allen** Nachlaßgläubigern:

a) wenn er die **Inventarfrist** versäumt,

b) wenn er **unredlich** inventarisiert, und zwar:

α) wenn er die Nachlassgegenstände in erheblichem Masse **unvollständig** anführt;

β) wenn er in Benachteiligungsabsicht nicht **bestehende** Nachlassverbindlichkeiten anführt;

γ) wenn er die zur Inventaraufnahme erforderlichen **Auskünfte** verweigert oder erheblich verzögert.

4. Der Erbe haftet **einzelnen** Nachlaßgläubigern **unbeschränkt**:

a) bei Verweigerung der Leistung des **Offenbarungseides**;

b) bei vertragsmässigem **Verzichte** auf die beschränkte Haftung;

c) bei **Verurteilung** ohne Vorbehalt der beschränkten Haftung.

§ 5. Erbschaftsanspruch.

I. **Römische** Erbenschutzmittel:

1. **hereditatis petitio** ist die dingliche Universalklage des Erben auf Herausgabe der Erbschaft.

a) **Formel**: si paret hereditatem q. d. a. ex jure Quiritium Ai esse, quidquid Ns ex ea hereditate pro herede aut pro possessore possidet, si arbitrio tuo **id** Ao non restituetur, quanti ea res erit tantam pecuniam Nm Ao c. s. n. p. a.

b) **Kläger** ist der Erbe (Zivil-, prätorischer, Testaments-, Intestat-, alleiniger, Miterbe; auch der Universalfideikommissar, ev. der Fiskus). **Beklagter** ist der Besitzer pro herede, also als angeblicher Erbe, Erbschaftskäufer ꝛc.; der Besitzer pro possessore, der ohne ersichtlichen Rechtsgrund besitzt; ferner der Nichtbesitzer, (fictus possessor) in zwei Fällen, nämlich qui dolo desiit possidere (Aufgabe des Besitzes vor Prozeßbeginn, ante litem contestatam) und qui liti se obtulit.

c) **Umfang des Anspruches**: die Klage geht auf den Nachlaß; herauszugeben ist omne lucrum. Der unredliche und der redliche Besitzer haben die bereits verzehrten Früchte, durch welche sie bereichert sind, herauszugeben, — vom Prozeßbeginne an vertritt der redliche Besitzer omnis culpa, der unredliche sogar casus; der redliche erhält alle Verwendungen ersetzt bezw. hat er

Retention, dem unredlichen werden notwendige und nützliche Impensen ersetzt.

Diese Einzelheiten bestimmt ein infolge einer oratio Hadrians am 14. März 129 erlassenes Senatskonsult, das man später nach P. Juventius Celsus, einem der Konsuln von 129, **SC. Iuventianum** genannt hat.

2. **Singularklagen** des Erben sind die Klagen, die der Erbe als Gläubiger der Forderungen des Erblassers und als Eigentümer der Erbschaftssachen erhebt.

3. **Interdictum quorum bonorum** gegen den Besitzer von Erbschaftssachen; **interdictum quod legatorum** gegen den Vermächtnisnehmer, der eigenmächtig die vermachten Gegenstände in Besitz nimmt.

II. Der **Erbschaftsanspruch** nach B 2018—2031 ist die universale Klage des Erben auf Anerkennung seines Erbrechtes und auf Auslieferung der Erbschaft.

Nach **Hellwig** ist der Erbschaftsanspruch nur die Summe aller Ansprüche des Erben.

1. **Kläger** ist der Erbe, ev. auch der irrtümlich für tot Erklärte; dagegen **nicht** der Pflichtteilsberechtigte. **Beklagter** ist der Erbschaftsbesitzer, d. h. jeder, der auf Grund eines ihm in Wirklichkeit nicht zustehenden Erbrechtes etwas aus der Erbschaft erlangt hat; eine ficta possessio besteht nicht mehr.

2. **Umfang** des Erbschaftsanspruches: der Anspruch geht auf Herausgabe der Erbschaft und dessen, was mit Mitteln der Erbschaft rechtsgeschäftlich erlangt ist; ferner auf Herausgabe aller Nutzungen, selbst der eigentümlich erworbenen Früchte.

3. Der **redliche Besitzer** haftet erst seit der Klageerhebung (B 2023), der unredliche Besitzer schon vorher so.

4. **Verjährung**: dreißig Jahre.

5. Pflicht zur **Auskunftserteilung** seitens des Erbschaftsbesitzers B 2027_1, seitens des Besitzers einer Nachlaßsache B 2027_2, seitens der Hausangehörigen des Erblassers B 2028.

6. **Singularklagen**: B 2029.

§ 6. Rechtsverhältnisse der Erbenmehrheit.

I. **Römisch**: die Miterben stehen miteinander in einer communio incidens, an der jeder seinen bestimmten Teil hat.

1. Jeder Miterbe hat ein **Recht auf Teilung**; hierzu dient die actio familiae herciscundae, bei der der Richter (ius adiudicandi) den einzelnen die auf sie fallenden Teile zuspricht.

2. **Kollation** (Ausgleichung) ist das Einwerfen von Vorempfängen, die bevorzugten Miterben bei Lebzeiten des Erblassers gegeben worden waren. Die römische Ausgleichung ist **Realkollation**: aut re aut cautione facienda collatio est.

a) Die **ältere Kollation** ist die Ausgleichung, zu der die emancipati verpflichtet sind, wenn sie neben den sui erben (**collatio emancipatorum**); — ebenso hat eine sua, wenn sie ab intestato erbt, ihren Geschwistern gegenüber die dos zu konferieren (**collatio dotis**).

b) Die **neuere Kollation** ist die Ausgleichung, zu der alle Deszendenten gegenüber allen Deszendenten verpflichtet sind, gleichviel ob sie als Testaments- oder als Intestaterben erben; befreit sind nur die Enkel, wenn sie als Intestaterben nicht geerbt hätten. **Gegenstand** der Kollation sind Liberalitäten des Erblassers, nämlich dos, donatio propter nuptias, militia, ev. andere vom Erblasser bezeichnete Schenkungen.

II. **Deutsch**: die Vorempfänge werden nicht eingeworfen, sondern jeder der anderen Erben erhält zunächst den Voraus, den ein bevorzugter Erbe erhalten hat, nachgezahlt. Der Rest der Erbschaft wird geteilt. **Ausgleichungspflichtig** sind nur die Abkömmlinge.

III. ALR: Band 21 47.

IV. **Rechtsverhältnisse der Miterben untereinander** nach B 2032 bis 2057: der Nachlaß ist gemeinschaftliches Vermögen der Miterben; unter ihnen besteht ein Gesamthandsverhältnis (Band 1 28), d. h. nach außen hin sind alle nur gemeinschaftlich verfügungsberechtigt. Jeder Miterbe hat die **freie Verfügung** über seinen Anteil am Nachlasse, d. h. an dem ihm zustehenden Bruchteile des Ganzen.

1. Der **Vertrag**, durch den ein Miterbe über seinen Anteil verfügt, bedarf der gerichtlichen oder notariellen Beurkundung; verkauft er seinen Anteil an einen Dritten, so sind die übrigen Miterben kraft Gesetzes **vorkaufsberechtigt.** Das Vorkaufsrecht ist binnen 2 Monaten auszuüben; es ist vererblich (Band 2 36).

2. Ein Miterbe ist **nicht** berechtigt, über seinen Anteil an den **einzelnen Nachlaßgegenständen** zu verfügen.

3. Die **Verwaltung** des Nachlasses erfolgt gemeinschaftlich durch die Miterben; die zur Erhaltung des Nachlasses notwendigen Maßregeln kann jeder Miterbe ohne Mitwirkung der anderen treffen.

4. Jeder Miterbe kann verlangen, daß die **Auseinandersetzung** bewirkt werde. Soweit die Erbteile wegen der zu erwartenden Geburt eines Miterben noch unbestimmt sind, ist die Auseinandersetzung bis zur Beseitigung der Unbestimmtheit **ausgeschlossen, ferner** solange, als eine Ehelichkeitserklärung, eine Kindsannahme oder eine Stiftungsgenehmigung noch nicht endgültig entschieden ist; **außerdem** kann der Erblasser durch letztwillige Verfügung die Auseinandersetzung ausschließen, jedoch nur dann über 30 Jahre hinaus, wenn ein bestimmtes Ereignis oder eine Nacherbfolge oder der Anfall eines Vermächtnisses abgewartet werden soll.

5. **Idealkollation:** Abkömmlinge, die als gesetzliche Erben zur Erbfolge gelangen, sind verpflichtet, dasjenige, was sie vom Erblasser bei dessen Lebzeiten als Ausstattung erhalten haben, bei der Auseinandersetzung untereinander zur Ausgleichung zu bringen, soweit nicht der Erblasser bei der Zuwendung ein anderes angeordnet hat.

Fällt ein Abkömmling, der kollationspflichtig sein würde, vor oder nach dem Erbfalle weg, so ist der an seine Stelle tretende Abkömmling ausgleichungspflichtig. Hat der Erblasser für den wegfallenden Abkömmling einen Ersatzerben eingesetzt, so ist im Zweifel anzunehmen, dass dieser nicht mehr erhalten soll, als der Abkömmling unter Berücksichtigung der Ausgleichungspflicht erhalten würde.

6. **Durchführung der Ausgleichung:** bei der Auseinandersetzung wird jedem Miterben der Wert der Zuwendung, die er auszugleichen hat, auf seinen Erbteil angerechnet; der Wert der nämlichen Zuwendung, die auszugleichen ist, wird dem Nachlasse hinzugerechnet, soweit dieser den Miterben zukommt, unter denen die Ausgleichung stattfindet; hat ein Miterbe durch die Zuwendung mehr erhalten, als ihm bei der Auseinandersetzung zukommen würde, so ist er zur Herauszahlung des Mehrbetrages nicht verpflichtet. Der Nachlaß wird in einem solchen Falle unter die übrigen Erben in der Weise geteilt, daß der Wert der Zuwendung und der Erbteil des Miterben außer Ansatz bleiben.

V. **Rechtsverhältnis zwischen den Erben und den Nachlaßgläubigern** gemäß B 2058—2063.

1. Die Erben haften für die gemeinschaftlichen Nachlaßverbindlichkeiten als **Gesamtschuldner.**

2. **Bis zur Teilung** des Nachlasses kann jeder Miterbe die Berichtigung der Nachlaßverbindlichkeiten aus dem Vermögen, das er außer seinem Anteile am Nachlasse hat, verweigern.

Haftet er für eine Nachlassverbindlichkeit nur beschränkt, so steht ihm dieses Recht in Ansehung des seinem Erbteile entsprechenden Teiles der Verbindlichkeit nicht zu. Dagegen bleibt das Recht der Nachlassgläubiger, die Befriedigung aus dem ungeteilten Nachlasse von sämtlichen Miterben zu verlangen, unberührt.

3. **Nach der Teilung** des Nachlasses haftet jeder Miterbe nur für den seinem Erbteile entsprechenden Teil der Nachlaßverbindlichkeiten:

a) wenn der Gläubiger im Aufgebotsverfahren ausgeschlossen ist;
b) wenn der Gläubiger seine Forderung später als 5 Jahre geltend macht, ausgenommen, daß die Forderung vor Ablauf der 5 Jahre bekannt geworden oder im Aufgebotsverfahren angemeldet ist;
c) wenn der Nachlaßkonkurs eröffnet und durch Verteilung der Masse oder durch Zwangsvergleich beendigt worden ist.

4. Die Anordnung einer **Nachlaßverwaltung** kann, solange der Nachlaß noch nicht geteilt ist, von den Erben, aber nur gemeinschaftlich, beantragt werden.

5. Die **Errichtung des Inventars** durch einen Miterben kommt auch den übrigen Erben zustatten, soweit sie nicht unbeschränkt haften; ein Miterbe kann sich gegenüber den anderen Miterben auch dann auf seine beschränkte Haftung berufen, selbst wenn er den Gläubigern gegenüber unbeschränkt haftet.

VI. Die **Berechnung der Miterbenanteile.**

1. **Technische Ausdrücke:** das Wort **as** bedeutet: Nachlaß als Ganzes; **heres ex asse** ist der Alleinerbe.

a) Sind **Miterben** vorhanden, dann wird der Nachlaß (as) in Zwölftel (12 unciae) zerlegt.
b) **Bezeichnung der Zwölftel:** $^1/_{12}$ = uncia; $^2/_{12}$ = sextans; $^3/_{12}$ = quadrans; $^4/_{12}$ = triens; $^5/_{12}$ = quincunx; $^6/_{12}$ = semis; $^7/_{12}$ = septunx; $^8/_{12}$ = bessis; $^9/_{12}$ = dodrans; $^{10}/_{12}$ = decunx (dextans); $^{11}/_{12}$ = deunx; $^{12}/_{12}$ = as.
c) Hat der Erblasser **mehr als zwölf Zwölftel** ausgegeben, dann gilt: ex asse fit dupondium, ev. tripondium.

2. **Coniunctio** ist die Verbindung von Miterben in der letztwilligen Verfügung. **Drei Formen:**

a) **coniunctio verbis** ist die Einsetzung von Miterben in derselben Satzverbindung, aber **nicht** auf denselben Erbteil; sie ist unerheblich.

b) **coniunctio re** ist die Einsetzung mehrerer auf denselben Erbteil; dadurch gelten sie für die Anwachsung und für die Ersatzerbfolge als Einheit.

c) **coniunctio re et verbis** ist eine Einsetzung mehrerer in demselben Satze und auf denselben Erbteil. Wirkung wie zu b.

3. Berechnung **nach** B 2088, 2091—2094. Wenn der Erblasser nur über einen Teil verfügt hat, so tritt für den Rest die gesetzliche Erbfolge ein, falls nicht der Erblasser eine Erweiterung der Erbteile auf den ganzen Nachlaß gewollt hat; hierüber gelten folgende Regeln:

a) sind Miterben **ohne Angabe** von Teilen ernannt, dann nach Köpfen.

b) Sind Miterben **nach Gruppen** eingesetzt, dann werden die Anteile auf die Gruppen verteilt; z. B. Erben sollen sein: meine Frau und Martin, der sich mit Hans in seinen Erbteil teilen soll; dann erhält die Frau $1/2$, jeder andere $1/4$.

c) Bei einer **Ungenauigkeit** des Erblassers können folgende Möglichkeiten vorliegen:

α) er hat **zu wenig** verteilt: dann sind die Teile zu erhöhen.

Beispiel: zwei Erben sind, der eine auf $1/4$, der andere auf $1/3$, eingesetzt. Beide Brüche werden auf den gemeinsamen Nenner gebracht ($3/12$ und $4/12$). Der **neue Nenner** der richtigen Erbteile wird durch Addition der Zähler gefunden ($3+4=7$) und anstelle des gemeinsamen Nenners (12) gesetzt. Dann betragen die Erbteile $3/7$ und $4/7$.

β) Der Erblasser hat **zu viel** verteilt: dann sind die Teile zu vermindern.

Beispiel: vier Erben sind auf $1/2$, $1/3$, $1/4$, $1/6$ eingesetzt; gemeinsamer Nenner ist 12, also betragen die Teile: $6/12$, $4/12$, $3/12$, $2/12$. Neuer Nenner ist 15, also betragen die wirklichen Erbteile: $6/15$, $4/15$, $3/15$, $2/15$. Dieser Fall trifft auch zu, wenn ein Erbe auf das Ganze, andere zu Bruchteilen berufen sind, dann gilt das Ganze als $1/1$ bezw. $2/2$ etc.

§ 7. Inhalt der Testamente.

I. **Römisch:** die Erbeseinsetzung ist caput et fundamentum totius testamenti. Später reicht es aus, daß der Erbe überhaupt im Testamente genannt ist. Zulässig war dann auch das **testamentum mysticum**, in dem zwar der Name des Erben nicht genannt war, aber auf ein Kodizill verwiesen wurde, in dem der Name des Erben angegeben werden sollte.

Grundsätze des römischen Testamentsrechtes:

1. uti legassit super pecunia tutelave suae rei, ita ius esto: vollkommene Testierfreiheit des Erblassers.

2. nemo paganus pro parte testatus, pro parte intestatus decedere potest: Einheitlichkeit des Berufungsgrundes.

3. nemo cum duobus testamentis decedere potest: grundsätzlich hebt ein Testament die früheren auf, jedoch gewährt der Prätor eine bonorum possessio secundum tabulas, indem er beide Testamente als eine einheitliche Urkunde behandelt.

4. semel heres semper heres: eine Erbeseinsetzung unter einer Resolutivbedingung oder unter einem Endtermine ist unzulässig.

5. testamentum simultaneum nullum est: gemeinschaftliche Testamente sind verboten.

6. Soldaten sind von allen diesen Sätzen befreit.

II. **Deutsches Recht:** Testamente sind ursprünglich unbekannt; unter dem Einflusse des kanonischen Rechtes bilden sie sich neben oder aus den Erbverträgen.

III. Testament **nach** B 2064—2099.

1. Die Errichtung des Testamentes ist ein **höchst persönlicher** Akt.

2. **Auslegungsregeln** des B.

a) Hat der Erblasser seine **gesetzlichen Erben** ohne nähere Bestimmungen bedacht, so sind damit diejenigen gemeint, die zur Zeit des Erbfalles seine gesetzlichen Erben sein würden.

b) Hat er seine **Verwandten** oder seine nächsten Verwandten bedacht, so sind im Zweifel diejenigen Verwandten gemeint, die zur Zeit des Erbfalles seine gesetzlichen Erben sein würden.

c) Hat er seine **Kinder** ohne nähere Bestimmung bedacht, und ist ein Kind vor der Errichtung des Testamentes unter Hinterlassung von Abkömmlingen gestorben, so sind diese Abkömmlinge, soweit sie bei gesetzlicher Erbfolge an die Stelle des Kindes treten würden, bedacht.

d) Hat der Erblasser eine **Klasse** von Personen (z. B. das Gesinde) bedacht, so ist hierfür die Zeit des Erbfalles massgebend; hat er die **Armen** bedacht, so ist im Zweifel die öffentliche Armenkasse der Gemeinde seines letzten Wohnsitzes gemeint.

e) Hat der Erblasser den Bedachten **ungenau** bezeichnet, so dass nicht ermittelt werden kann, wer von mehreren Personen gemeint ist, so gelten sie als zu gleichen Teilen eingesetzt.

f) **Kontroverse** des römischen Rechtes in dem Falle, daß ille aut ille eingesetzt ist, d. h. zwei genau benannte Personen unter ungenauer Angabe, welcher von ihnen der allein eingesetzte Erbe sein soll:

α) **Kumulationstheorie** (Justinian): die Einsetzung gilt als konjunktiv (ille et ille);

β) **Substitutionstheorie**: der zweite Erbe soll Substitut des ersten sein;

γ) **Präventionstheorie** (Dernburg): wer von beiden sich zuerst meldet, gilt als Erbe;

δ) **Ademtionstheorie**: die erste Einsetzung wird durch die zweite aufgehoben;

ε) **Nullitätstheorie**: die Ernennung ist zu ungenau und daher nichtig.

3. Die **Anfechtung** einer letztwilligen Verfügung erfolgt durch denjenigen, dem die Anfechtung der letztwilligen Verfügung unmittelbar zustatten kommen würde. **Anfechtungsgründe** bestehen, wenn der Erblasser über den Inhalt seiner Erklärung geirrt hat oder widerrechtlich durch Drohung zur Verfügung bestimmt worden ist, oder wenn er einen

Pflichtteilsberechtigten aus Unkenntnis übergangen hat. Die Anfechtung kann nur **binnen Jahresfrist** erfolgen; nach 30 Jahren seit dem Erbfalle ist sie ausgeschlossen.

4. **Erbe** ist, wem der Erblasser sein Vermögen **ganz** (oder zu einem Bruchteile) zuwendet, auch wenn er den Bedachten nicht gerade mit dem Worte Erbe bezeichnet. Wendet der Erblasser einem Bedachten nur **einzelne Gegenstände** zu, so ist im Zweifel **nicht** anzunehmen, daß der Bedachte Erbe sein solle, auch wenn der Erblasser ihn als Erben bezeichnet.

5. **Mehrheit der Berufungsgründe:** hat der Erblasser nur einen Erben, und zwar auf einen Bruchteil des Erblasses eingesetzt, dann tritt wegen des Restes Intestaterbfolge ein.

Anwachsung nach B 2089—2095.

IV. **Ersatzerbe** ist ein Erbe, der vom Erblasser für den Fall eingesetzt wird, daß ein eingesetzter Erbe vor oder nach dem Eintritte des Erbfalles wegfällt.

1. **Römisch:** Substitution ist die Einsetzung eines Ersatzerben für den Fall, daß der heres institutus nicht erwerben sollte. **Zweck** der Substitution ist die Umgehung des Verbotes der Sukzession in die Delation.

Beispiel: im testamentum Dasumii sind sechs Berufungen enthalten.

a) **Vulgarsubstitution** ist der gewöhnliche Fall der Ersatzerbschaft.

b) **Pupillarsubstitution** ist der Fall, daß der paterfamilias in seinem Testamente für sein Kind einen Substituten einsetzt, falls es als impubes versterben sollte. Dies ist der einzige Fall, daß jemand für einen anderen testieren durfte.

Streitig war, ob in der Pupillarsubstitution auch eine Vulgarsubstitution enthalten sei (causa Curiana).

2. **ALR:** Substitutionen im berliner Testamente: Band 21 46.

3. Ersatzerbfolge **nach** B 2096—2099.

a) **Auslegungsregel:** ist jemand für den Fall, daß der zunächst berufene Erbe nicht Erbe sein kann oder will, als Ersatzerbe eingesetzt, so ist er im Zweifel für beide Fälle eingesetzt. Das Recht des Ersatzerben geht dem Anwachsungsrechte vor.

b) **Gegensatz:** der **Ersatzerbe** ist für den Fall eingesetzt, daß ein zunächst berufener Erbe vor oder nach dem Eintritte des Erbfalles wegfällt; der **Nacherbe** ist derart eingesetzt, daß er erst dann Erbe werden soll, nachdem zunächst ein anderer (der Vorerbe) Erbe geworden ist.

V. **Nacherbfolge.**

1. **Römisch:** Universalfideikommiß: Band 18 31.

2. Vor= und Nacherbfolge **nach** B 2100—2146.

a) **Auslegungsregel:** die Einsetzung als Nacherbe enthält im Zweifel auch die Einsetzung als Ersatzerbe; ist zweifelhaft, ob jemand als Ersatzerbe oder als Nacherbe eingesetzt ist, so gilt er als Ersatzerbe. Stirbt der eingesetzte Erbe vor dem Eintritte der Nacherbfolge, aber nach dem Eintritte des Erbfalles, so geht im Zweifel das Recht auf die Erben über.

b) **Zeitliche Begrenzung**: tritt die Nacherbfolge nicht innerhalb von dreißig Jahren nach dem Erbfalle ein, so wird sie unwirksam. **Ausnahmen**:
   α) wenn die Nacherbfolge für den Fall angeordnet ist, dass in der Person des Vorerben oder des Nacherben **ein bestimmtes Ereignis** eintritt, und derjenige, in dessen Person das Ereignis eintreten soll, zur Zeit des Erbfalles lebt. **Beispiel**: Tod des Vorerben.
   β) wenn dem Vorerben oder einem Nacherben für den Fall, dass ihm ein **Bruder** oder eine **Schwester** geboren wird, der Bruder oder die Schwester als Nacherbe bestimmt ist.

c) **Rechtsstellung**: der Vorerbe kann über die zur Erbschaft gehörenden Gegenstände grundsätzlich verfügen. **Einzelheiten**:
   α) Verfügt der Vorerbe über ein **Erbschaftsgrundstück** oder ein Immobiliarrecht der Erbschaft, so ist diese Verfügung im Falle der Nacherbfolge insoweit unwirksam, als sie das Recht des Nacherben vereiteln oder beeinträchtigen würde.
   β) Eine Verfügung über einen Erbschaftsgegenstand, die **unentgeltlich** oder zum Zwecke der Erfüllung eines Schenkungsversprechens des Vorerben erfolgt, ist (abgesehen von Anstandsschenkungen) gegenüber dem Nacherben unwirksam.
   γ) Der Vorerbe hat auf Verlangen des Nacherben **Inhaberpapiere** der Erbschaft mit der Bestimmung zu hinterlegen, daß die Herausgabe nur mit Zustimmung des Nacherben verlangt werden kann; bei **Buchforderungen** gegen das Reich oder einen Einzelstaat hat der Vorerbe auf Verlangen des Nacherben im Schuldbuche vermerken zu lassen, daß er über die Forderungen nur mit Zustimmung des Nacherben verfügen kann.
   δ) **Geld**, das nach den Regeln einer ordnungsmäßigen Wirtschaft dauernd anzulegen ist, hat der Vorerbe nach den Vorschriften über Mündelgeld anzulegen.
   ε) **Haftung**: der Vorerbe haftet dem Nacherben für culpa in concreto.

d) Mit dem **Eintritte der Nacherbfolge** hört der Vorerbe auf, Erbe zu sein; die Erbschaft fällt dem Nacherben an. Der Nacherbe kann die Erbschaft **ausschlagen**, sobald der Erbfall eingetreten ist; tut er dies, so verbleibt sie — mangels anderweitiger Bestimmung des Erblassers – dem Vorerben.

VI. **Vermächtnis** ist die Zuwendung eines einzelnen Nachlaßgegenstandes an einen Bedachten.

A. **Römisch**: die beiden Formen des Vermächtnisses sind legatum und fideicommissum.

1. **Gegensätze** der beiden römischen Vermächtnisformen:

a) **Legat** ist das Vermächtnis des Zivilrechtes. Es darf nur an Personen gegeben werden, die testamenti factio passiva haben, kann nur dem Testamentserben auferlegt werden, ist in bestimmten befehlenden Worten zu errichten, und zwar in einem Testamente; der Legatar hat die actio ex testamento.

b) **Fideikommiß** ist erst seit der Zeit des Augustus eingeführt worden; es kann jedem gegeben werden; es kann auch dem gesetzlichen

Erben, dem Noterben, dem Legatar auferlegt werden; und zwar auch bittweise, sogar durch Zeichen, in einem Testamente oder im Kodizille; eingeklagt wird es mit einer persecutio.

2. **Formen** der Legate:

a) **legatum per vindicationem** gibt quiritarisches Eigentum.

b) **legatum per damnationem** verpflichtet den Erben persönlich; es wird mit den Worten: heres dare damnas esto auferlegt.

c) **legatum sinendi modo relictum** verpflichtet den Erben zur Duldung der Wegnahme einer Sache.

d) **legatum per praeceptionem** ist nach Ansicht der Sabinianer eine Zuwendung an einen der Miterben; nach einer späteren Ansicht ist es auch ein Vindikationslegat an einen Nichterben.

3. **Gesetze** über die Legate:

a) durch die **lex Furia testamentaria** ist bei Strafe des Vierfachen verboten worden, mehr als 1000 as als Legat anzunehmen.

b) Durch die **lex Voconia** dürfen die Vermächtnisse insgesamt nicht mehr als die Hälfte des Nachlasses betragen.

c) Nach der **lex Falcidia** dürfen die Vermächtnisse nicht mehr als $^{3}/_{4}$ des Nachlasses betragen; der Erbe muß ein Viertel (**quarta Falcidia**) frei von Legaten haben.

Die Bestimmungen der lex Falcidia gelten ursprünglich **nur für Legate**; durch das SC. Pegasianum (Band 18 31) sind sie auch für Fideikommisse eingeführt worden.

4. Ursprünglich sind **bestimmte Wortformeln** für die Legate vorgeschrieben. Durch das **SC. Neronianum** soll jedes Legat ohne Rücksicht auf seine Form wenigstens als Damnationslegat gelten. Nach einer Verordnung der **Söhne Konstantin's** sind bestimmte Wortformeln nicht mehr erforderlich. Seit **Justinian** gilt jedes Legat sowohl als dinglich wie als persönlich.

5. Fideikommisse können **in jeder Form** errichtet werden.

Eine besondere Art ist das **Oralfideikommiss**, d. h. ein mündlich errichtetes Fideikommiss; will der Fideikommissar hieraus klagen, dann muss er zunächst den Kalumnieneid leisten, sodann kann der beklagte Onerierte abschwören, dass es ihm auferlegt sei.

B. Ein Vermächtnis **nach B** ist eine Beschwerung des Erben oder des Vermächtnisnehmers zugunsten eines Bedachten, dem der Erblasser etwas aus dem Nachlasse zuwenden will.

1. **Vorausvermächtnis** (praelegatum) ist ein einem Erben zugewandtes Vermächtnis; es gilt auch insoweit, als der Erbe selbst beschwert ist, als Vermächtnis.

2. **Wahlvermächtnis** ist ein Vermächtnis derart, daß der Bedachte von mehreren Gegenständen nur den einen oder den anderen erhalten soll. Ist in einem solchen Falle die Wahl **einem Dritten** überlassen, so erfolgt sie durch Erklärung gegenüber dem Beschwerten; kann der Dritte die Wahl **nicht** treffen, so geht das Wahlrecht auf den Beschwerten über.

3. **Gattungsvermächtnis** ist das Vermächtnis einer nur der Gattung nach bestimmten Sache; der Beschwerte hat eine den Verhältnissen des Bedachten entsprechende Sache zu leisten.

4. Ein Vermächtnis ist **unwirksam**, wenn der Bedachte zur Zeit des Erbfalles nicht mehr lebt. Ist es unter einer aufschiebenden Be-

dingung oder unter einem Anfangstermine angeordnet worden, so wird es **unwirksam**, wenn **nicht** innerhalb von 30 Jahren die Bedingung oder der Termin eintritt. **Ausnahme**: wie w. o. Seite 20.

5. Das **Vermächtnis einer Forderung** kann verschieden auferlegt werden.

a) **Römisch** in drei Formen: 1. **legatum nominis**: der Erblasser vermacht dem Legatar eine Forderung, die der Erblasser gegen einen Dritten hat; 2. **legatum debiti**: der Erblasser vermacht seinem Gläubiger (Vermächtnisnehmer) das, was er ihm schuldet, z. B. um ihn durch den Erben schneller befriedigen zu lassen, oder um eine Naturalobligation klagbar zu machen; 3. **liberatio legata**: der Erblasser vermacht seinem Schuldner (Legatar) das, was dieser ihm schuldet, um ihn dadurch zu befreien.

b) **Nach** B gilt, wenn der Erblasser eine Geldforderung vermacht, die Geldsumme auch dann als Vermächtnis, wenn sie sich in der Erbschaft nicht vorfindet.

VII. **Auflage** nach B ist die Verpflichtung eines Erben oder Vermächtnisnehmers, einem anderen etwas zu leisten.

1. **Gegensatz**: beim Vermächtnisse hat der Vermächtnisnehmer ein selbständiges Klagerecht, dagegen hat es der durch die Auflage Begünstigte nicht.

2. **Zwang** zur Erfüllung der Auflage: zunächst kann der Erbe, sodann auch derjenige, dem der Wegfall des mit der Auflage Beschwerten unmittelbar zustatten kommen würde, die Vollziehung der Auflage verlangen; liegt die Vollziehung im öffentlichen Interesse, so kann auch die zuständige Behörde die Vollziehung der Auflage verlangen.

3. Auflage und Bedingung: Band 1 49.

VIII. **Testamentsvollstrecker.**

1. Testamentsvollstrecker nach deutschem Rechte: Band 1 45.

2. Der Testamentsvollstrecker **nach** B wird vom Erblasser durch das Testament ernannt; ev. kann der Erblasser im Testamente das Nachlaßgericht um die Ernennung eines Testamentsvollstreckers ersuchen.

a) **Aufgaben** des Testamentsvollstreckers: er hat die letztwilligen Verfügungen des Erblassers auszuführen, insbesondere beim Vorhandensein von Miterben die Auseinandersetzung zu bewirken; er hat den Nachlaß zu verwalten und ist insbesondere berechtigt, ihn in Besitz zu nehmen und über die Nachlaßgegenstände zu verfügen.

b) **Sachlegitimation**: ein Anspruch, der sich gegen den Nachlaß richtet, kann sowohl gegen den Erben als gegen den Testamentsvollstrecker gerichtlich geltend gemacht werden.

c) Verletzt der Testamentsvollstrecker seine Verpflichtungen, so ist er, wenn ihm ein **Verschulden** zu Last fällt, für den daraus entstehenden Schaden dem Erben und (soweit ein Vermächtnis zu vollziehen ist) auch dem Vermächtnisnehmer verantwortlich.

d) **Mehrere** Testamentsvollstrecker führen das Amt gemeinschaftlich; Meinungsverschiedenheiten entscheidet das Nachlaßgericht.

§ 8. Errichtung und Aufhebung von Testamenten.

I. Geschichtliche Testamentsformen.

A. Römisches Recht.

1. **Aelteste Zeit:** ein Privattestament ist gegenüber der rein-gesetzlichen Erbfolge nicht zugelassen; durch ein Gesetz der Kuriatkomitien (**testamentum calatis comitiis**) ist es als Ausnahme (Spezialgesetz) erlaubt. Daneben besteht ein öffentliches Testament für Soldaten vor dem Heere (**testamentum in procinctu**); procingere: die Toga aufschürzen, um zum Kampfe zu marschieren.

2. Die **zwölf Tafeln** führen volle Testierfreiheit ein: uti legassit super pecunia tutelave suae rei, ita ius esto.

a) Form des alten **Privattestamentes** (testamentum per aes et libram, Manzipationstestament): der Erblasser verkauft dem familiae emtor den Nachlaß, so daß der emtor formal Erbe wird; er ist jedoch durch die nuncupatio (Band 18 20) zur Herausgabe an Dritte, z. B. an den wirklichen Erben, verbunden.

b) **Später** ist der familiae emtor nicht mehr Erbe, sondern nur Zeuge; zum Erben wird ein anderer ernannt.

Dieses Testament kann schriftlich aufgesetzt und bei der Manzipation lediglich durch nuncupatio bekräftigt werden: haec ita ut in his tabulis cerisque (Wachstafel) scripta sunt, ita do ita lego ita testor itaque vos, Quirites, testimonium mihi perhibetote (perhibere = von sich geben).

3. **Prätorisches Testament:** der Prätor verspricht, demjenigen eine bonorum possessio secundum tabulas zu gewähren, der als Erbe durch eine von 7 Zeugen besiegelte Testamentsurkunde prima facie sich legitimieren konnte.

Gegen den zivilen Intestaterben ist diese bonorum possessio anfangs sine re, d. h. der zivile heres dringt gegen den bonorum possessor mit der hereditatis petitio durch; später wird jedoch der bonorum possessor seit Antoninus Pius auch gegen den Intestaterben geschützt.

4. **Ordentliches Privattestament** ist (nach Wegfall der mancipatio) ein Testament vor sieben Zeugen. Die Zahl der Zeugen ist dieselbe wie die der bei der mancipatio beteiligten Personen: ein familiae emtor, ein libripens und fünf Zeugen.

5. **Justinian** läßt Testamente als ordentliche und außerordentliche zu.

a) **Ordentliches Testament** ist das Testament vor sieben Zeugen; es kann errichtet werden:

α) als **testamentum nuncupativum,** mündlich (ev. zu Beweiszwecken: testamentum nuncipativum in scripturam redactum);

β) **schriftlich,** vom Testator (holographum) oder vom testamentarius (allographum) geschrieben; beim holographum ist die Unterschrift **nicht** nötig, der Erblasser muß nur das Testament vor den Zeugen anerkennen; dagegen muß er das allographum unterschreiben und, falls er nicht schreiben kann, einen octavus subscriptor zuziehen.

Unitas actus: die Testamentserrichtung geschieht als ein einheitlicher Akt und darf weder tatsächlich noch rechtlich (durch den Abschluß anderer Rechtsgeschäfte) unterbrochen werden.

Ausnahme: ein Zeuge darf vom anderen ein Siegel leihen (Kommodat des Siegels). Die **Zeugen** unterschreiben (subscribere) das Testament, sodann siegeln sie es zu und schreiben nochmals ihren Namen (superscribere, um das Siegel herum), um das Testament vor seiner Eröffnung prima facie agnoszieren zu können.

Eigenschaften der Zeugen: die testes müssen sein: Romani puberes masculi, idonei, rogati, voluntarii.

Domitius Labeo fragte den Iuventius Celsus (Band 1 10), ob ein Testamentsschreiber, der nicht als Zeuge, sondern nur als Schreiber rogiert sei, dennoch eventuell als Zeuge fungieren dürfe. Nach der herrschenden Ansicht verstand Celsus diese Frage fälschlich dahin, ob überhaupt ein Testamentsschreiber zeugen dürfe, und bejahte dies etwas unhöflich; nach Erman hat Celsus die Frage richtig verstanden und die barsche Form nur gewählt, um den favor testamenti gegen kleinliche Bedenken zu schützen.

Quaestio Domitiana: dumme Frage; — responsum Celsinum; grobe Antwort.

Der **Testamentsschreiber** wird nach dem SC. Libonianum im Falle der Fälschung bestraft.

b) **Außerordentliche Testamente** sind Testamente, deren Form von der Regel aus besonderen Gründen abweicht.

α) Beim **testamentum ruri conditum** genügen **fünf** Zeugen; die des Schreibens unkundigen können sich von den Schreibenskundigen in der Unterschrift vertreten lassen.

β) Beim **testamentum pestis tempore conditum** ist wegen der Ansteckungsgefahr erlaubt, daß die sieben Zeugen **nicht gleichzeitig** bei der Testamentserrichtung zugegen sind.

γ) Das **testamentum parentum inter liberos** ist ein nicht unterschriebener Aufsatz, in dem der Vater die Erbschaft unter seine Kinder verteilt.

δ) Ein **octavus** muß als Zeuge beim Blindentestamente, als subscriptor beim Analphabetentestamente (oder wenn der Erblasser am Schreiben gehindert ist) hinzugezogen werden.

ε) Das **Soldatentestament** ist von Cäsar eingeführt und von anderen Kaisern, insbesondere Titus, ausgebildet worden. Der Soldat ist von den materiellen und formellen Vorschriften (w. o. Seite 17) zunächst überhaupt, auch in Friedenszeiten, befreit. Seit **Justinian** gilt das Soldatentestament nur für den Fall eines Feldzuges (in expeditione).

Für das preußische Recht gibt eine Zirkularorder Friedrichs des Großen vom 18. Mai 1747 ein Privilegium der Soldaten, aber nur bezüglich der Form; in dieser Gestalt ist es geltendes Recht geworden.

c) **Kodizill** ist eine letztwillige Verfügung, die eine Erbeseinsetzung (und grundsätzlich auch Legate) nicht enthält und daher vor fünf Zeugen errichtet werden darf.

α) **Arten** der Kodizille: 1. **Intestatkodizill** ist ein ohne das Vorhandensein eines Testamentes bestehendes Kodizill; 2. **testamentarisches Kodizill** ist ein neben einem Testamente errichtetes Kodizill.

β) **Testamentarische** Kodizille, die durch ein Testament bestätigt oder vorbehalten sind, heißen codicilli testamento **confirmati**; in ihnen dürfen Legate enthalten sein.

γ) **Kodizillarklausel** (clausula ceterata) ist ein Vermerk des Testators im Testamente, durch den er, falls sein Testament als solches wegen Formmangels ungültig wäre, es wenigstens als Kodizill angesehen wissen will.

d) **Ordentliche Testamente** des späteren römischen und des gemeinen Rechtes:

α) **testamentum apud acta conditum** wird mündlich zu gerichtlichem Protokolle errichtet;

β) **testamentum principi oblatum** (gemeinrechtlich: iudici oblatum) wird durch Uebergabe einer offenen oder geschlossenen Schrift und Protokollierung des Uebergabeaktes errichtet.

γ) Nach **kanonischem** Rechte können Testamente coram presbytero et duobus vel tribus aliis personis idoneis errichtet werden.

6. **Schutzmaßregeln**: jeder Besitzer der Testamentsurkunde ist zur Herausgabe verpflichtet; handelt er dolos, so trifft ihn die Strafe der lex Cornelia de falsis.

a) Das **interdictum de tabulis exhibendis** wird demjenigen gewährt, der ein Interesse an der Vorlegung hat.

b) Nach der **lex Julia de vicesima hereditatum** (Einführung einer fünfprozentigen Erbschaftssteuer) sind beim Erbfalle Testamente dem Gerichte zwecks gerichtlicher Eröffnung abzuliefern.

c) Schutz durch **prätorische Missionen**: Band 8 20.

II. **Testamentserrichtung** nach B 2229—2264.

1. Das Testament wird **in ordentlicher Form** errichtet:

a) als **ordentliches öffentliches Testament**: vor einem **Richter** (unter Zuziehung eines Gerichtsschreibers oder zweier Zeugen) oder vor einem **Notar** (unter Zuziehung eines zweiten Notars oder zweier Zeugen);

b) als **ordentliches Privattestament**: durch eine vom Erblasser unter Angabe des Ortes und Tages eigenhändig geschriebene und unterschriebene Erklärung (holographisches Testament).

2. **Testierfähigkeit** ist die Fähigkeit, eine letztwillige Verfügung zu errichten.

a) Wer in der Geschäftsfähigkeit **beschränkt** ist, bedarf zur Errichtung eines Testamentes **nicht** der Zustimmung seines gesetzlichen Vertreters.

b) Ein **Minderjähriger** kann ein Testament erst errichten, wenn er das sechzehnte Lebensjahr vollendet hat, jedoch nur mündlich.

c) Wer wegen Geistesschwäche, Verschwendung oder Trunksucht **entmündigt** ist, kann ein Testament nicht errichten; die Unfähigkeit tritt **schon** mit der Stellung des Antrages ein, auf Grund dessen die Entmündigung erfolgt.

α) Hat ein Entmündigter ein Testament errichtet, **bevor** der die Entmündigung aussprechende Beschluss unanfechtbar geworden ist, so steht die Entmündigung der Gültigkeit des Testamentes nicht entgegen, wenn der Entmündigte noch vor dem Eintritte der Unanfechtbarkeit stirbt.

β) Das Gleiche gilt, wenn der Entmündigte **nach** der Stellung des Antrages auf Wiederaufhebung der Entmündigung ein Testament errichtet und die Entmündigung dem Antrage gemäss wieder aufgehoben wird.

d) Wer Geschriebenes **nicht lesen** kann, darf nur mündlich testieren.

e) Wer nach der Ueberzeugung des Richters **stumm** ist, kann nur durch Uebergabe einer Schrift testieren.

3. **Beschränkungen** der bei der Testamentserrichtung mitwirkenden Personen:

a) Als **Richter, Notar, Gerichtsschreiber** oder **Zeuge** kann bei der Errichtung des Testamentes **nicht** mitwirken: 1. der Ehegatte des Erblassers, auch wenn die Ehe nicht mehr besteht; 2. wer mit dem Erblasser in gerader Linie oder im zweiten Grade der Seitenlinie verwandt oder verschwägert ist; 3. wer in dem Testamente bedacht wird, oder wer Ehegatte, naher Verwandter oder Verschwägerter eines Bedachten ist; (im Falle zu 3 ist nur die eine Zuwendung an den Bedachten nichtig).

b) Als **Gerichtsschreiber** oder **zweiter Notar** oder **Zeuge** kann bei der Errichtung des Testamentes **nicht** mitwirken, wer zu dem Richter oder dem beurkundenden Notar in dem unter a 1—2 bezeichneten Verhältnisse steht.

c) Als **Zeuge** soll bei der Errichtung des Testamentes **nicht** mitwirken: 1. ein Minderjähriger; 2. wer der bürgerlichen Ehrenrechte für verlustig erklärt ist, während der Zeit, für welche die Aberkennung der Ehrenrechte erfolgt ist; 3. wer nach den Vorschriften der Strafgesetze unfähig ist, als Zeuge eidlich vernommen zu werden; 4. wer als Gesinde oder Gehilfe im Dienste des Richters oder des beurkundenden Notars steht.

4. **Hergang** bei der Testamentserrichtung:

a) der Erblasser **erklärt** dem Richter oder dem Notar seinen letzten Willen mündlich oder **übergibt** eine Schrift mit der mündlichen Erklärung, daß sie seinen letzten Willen enthalte. Die **Schrift** kann offen oder verschlossen übergeben werden; sie kann vom Erblasser oder von einer anderen Person geschrieben sein.

b) Die bei der Errichtung des Testamentes mitwirkenden Personen **müssen** während der ganzen Verhandlung zugegen sein.

c) Ueber die Errichtung des Testamentes muß ein **Protokoll** in deutscher Sprache aufgenommen werden.

Inhalt des Protokolles: 1. Ort und Tag der Verhandlung; 2. die Bezeichnung des Erblassers und der bei der Verhandlung mitwirkenden Personen; 3. die Erklärungen des Erblassers und im Falle der Uebergabe einer Schrift die Feststellung der Uebergabe.

d) Das Protokoll muß **vorgelesen,** von dem Erblasser genehmigt und von ihm eigenhändig unterschrieben werden; im Protokolle muß festgestellt werden, daß dies geschehen ist. Das Protokoll soll dem Erblasser auf Verlangen auch zur Durchsicht vorgelegt werden. Das Protokoll muß von den mitwirkenden Personen unterschrieben werden.

α) Erklärt der Erblasser, dass er **nicht schreiben** könne, so wird seine Unterschrift durch die Feststellung dieser Erklärung im Protokolle ersetzt.

β) Beim **Stummentestamente** (w. o. Seite 26) ist protokollarisch festzustellen: 1. das eigenhändige Niederschreiben der Erklärung des Stummen, dass die überreichte Schrift seinen letzten Willen enthalte, 2. die Ueberzeugung des Richters oder Notars, dass der Erblasser am Sprechen verhindert sei.

γ) Ist der Erblasser der deutschen Sprache nicht mächtig, so ist ein Dolmetscher hinzuzuziehen.

5. **Außerordentliche** Testamentsformen sind: Soldaten-, Dorf-, Not-, Seetestament.

a) Das **Soldatentestament** ist gemäß § 44 des Reichsmilitärgesetzes vom 2. Mai 1874 allen aktiven Militärpersonen und den unter den Kriegsgesetzen stehenden Personen (Band 17 2—4) von dem Augenblicke an gestattet, in dem die Truppen mobil gemacht sind (z. B. ein Kriegsschiff mit dem Verlassen des Heimatshafens) oder in ihren Standquartieren angegriffen werden.

α) Die Errichtung muß **während** des Kriegszustandes rc. erfolgen; es gibt drei **Formen**: 1. selbst ge- und unterschrieben, eine Datierung ist nicht nötig; 2. Unterschrift des Testators und Mitunterschrift zweier Zeugen, oder für sie ein Kriegsgerichtsrat, Offizier, ev. beim Kranken: ein Militärarzt, höherer Lazarettbeamter, Militärgeistlicher; 3. mündlich zum Protokoll eines Kriegsgerichtsrates (Offiziers) und vor zwei Zeugen oder für sie ein Kriegsgerichtsrat rc.

β) Die **Gültigkeitsdauer** beträgt eventuell ein Jahr.

b) Das **Dorftestament** ist zulässig, wenn zu besorgen ist, daß der Erblasser früher sterben werde, als die Errichtung eines Testamentes vor einem Richter oder Notar möglich ist. Die **Errichtung** des Testamentes erfolgt vor dem Vorsteher der Gemeinde, in der der Erblasser sich aufhält; der Vorsteher muß zwei Zeugen zuziehen.

Die **Besorgnis**, daß die Errichtung eines ordentlichen Testamentes nicht möglich sein werde, muß im Protokolle festgestellt werden; der Gültigkeit des Testamentes steht **nicht** entgegen, daß die Besorgnis nicht begründet war.

c) Das **Nottestament** ist zulässig, wenn der Erblasser an einem Orte sich aufhält, der infolge des Ausbruches einer Krankheit oder infolge sonstiger außerordentlicher Umstände dergestalt abgesperrt ist, daß die Errichtung eines ordentlichen Testamentes nicht möglich oder erheblich erschwert ist. Die **Errichtung** erfolgt in der Form des Dorftestamentes **oder** durch mündliche Erklärung vor drei Zeugen unter Aufnahme eines Protokolles; die Zuziehung eines Dolmetschers ist hier unzulässig.

d) Das **Seetestament** kann während einer Seereise an Bord eines deutschen Fahrzeuges außerhalb eines inländischen Hafens durch mündliche Erklärung vor drei Zeugen unter Aufnahme eines Protokolles (und ohne Dolmetscher) errichtet werden. **Dagegen** kann auf der Kriegsmarine nur mit Soldatentestament testiert werden.

e) **Dauer der Wirksamkeit** des Dorf-, Not- und Seetestamentes: es gilt als **nicht** errichtet, wenn seit der Errichtung drei Monate verstrichen sind und der Erblasser noch lebt. Beginn und Lauf der Frist sind **gehemmt**, solange der Erblasser außer stande ist, ein ordentliches Testament zu errichten. Tritt der Erblasser, der ein Seetestament errichtet hat, vor dem Ablaufe der Frist **eine neue Seereise** an, so wird die Frist dergestalt unterbrochen, daß nach der Beendigung der neuen Reise die volle Frist von neuem zu laufen beginnt. — Wird der Erblasser nach dem Ablaufe der Frist **für tot erklärt,** so behält das Testament seine Kraft, wenn die Frist zu der Zeit, zu der der Erblasser den vorhandenen Nachrichten zufolge noch gelebt hat, noch nicht verstrichen war.

III. **Rechtsbeständigkeit** der Testamente.

1. Die **Römer** unterscheiden: a) testamentum **nullum**, das von Anfang an nichtig ist, weil der Erblasser keine Testierfähigkeit hatte, oder weil ein Formfehler bei der Errichtung unterlaufen ist; b) Testamente, die vorerst gültig, aber nachträglich ungültig geworden sind, nämlich: α) testamentum **irritum**, bei dem der Testator hinterher die testamentifactio activa verloren hat; β) testamentum **destitutum**, das kein Erbe angenommen hat; γ) testamentum **ruptum**, das durch die Geburt eines postumus suus unwirksam geworden ist.

Im **Gegensatze** hierzu wird bei der **Kaduzität** das Testament in Kraft gelassen, aber sein Zweck vereitelt; nach der lex Julia **caducaria** fällt dasjenige, was der Eingesetzte (aber Erwerbsunfähige, w. o. Seite 3) nicht erworben hat, als caducum an den Substituten, ev. tritt Anwachsung an die Miterben etc. ein, ev. fällt es an den Fiskus; seit **Caracalla** fällt es ausschliesslich an den Fiskus.

2. **ALR**: Band 21 46.

3. Das Testament kann **nach** B durch den Erblasser oder durch andere in seinem Bestande erschüttert werden.

a) Der **Erblasser** kann ein Testament jederzeit frei widerrufen; ebenso auch einzelne letztwillige Verfügungen eines sonst bestehen bleibenden Testamentes. Der Widerruf erfolgt durch Testament.

α) Ein beschränkt geschäftsfähiger **Entmündigter** kann ein vor der Entmündigung errichtetes Testament widerrufen; dagegen kann dies ein Geisteskranker **nicht** tun.

β) **Rechtsvermutung**: als Widerruf wird angesehen, wenn der Erblasser die Testamentsurkunde vernichtet oder sie derart verändert, dass man daraus auf den Willen, die schriftliche Willenserklärung zu vernichten, schliessen kann, z. B. Einreißen, Durchschneiden.

γ) Ein **ordentliches öffentliches** Testament, ebenso ein Dorftestament gilt als widerrufen, wenn die in amtliche Verwahrung genommene Urkunde dem Erblasser zurückgegeben wird. Der Erblasser kann die Rückgabe jederzeit (gewöhnlich unter Rückgabe des ihm erteilten Hinterlegungsscheines) verlangen, sie darf nur an den Erblasser persönlich erfolgen. Dagegen ist beim **holographischen** Testamente die Rückgabe auf die Wirksamkeit des Testamentes ohne Einfluss.

δ) Wird der durch Testament erfolgte **Widerruf** einer letztwilligen Verfügung **widerrufen**, so ist die Verfügung wirksam, wie wenn sie nicht widerrufen worden wäre.

ε) Durch die Errichtung eines Testamentes wird ein **früheres** Testament insoweit aufgehoben, als das spätere Testament mit dem früheren in Widerspruch steht; wird das spätere Testament widerrufen, so ist das frühere Testament in gleicher Weise wirksam, wie wenn es nicht aufgehoben worden wäre.

b) Ueber die Geltendmachung der **Nichtigkeit** und **Anfechtung** seitens Dritter siehe w. o. Seite 18.

---

4. Die **Verwahrung** der öffentlichen Testamente geschieht amtlich (Verwahrung A); dem Erblasser wird hierüber ein **Hinterlegungsschein** erteilt. Auf Verlangen des Erblassers kann auch ein ordentliches Privattestament amtlich verwahrt werden.

Beim Erbfalle hat jeder, der ein Testament des Erblassers im Besitze hat, es dem Gerichte abzuliefern (vorläufige Verwahrung B), damit es gerichtlich eröffnet wird.

5. **Eröffnung eines Testamentes** ist der richterliche Akt, durch den der Inhalt einer letztwilligen Verfügung verkündet wird. Geschlossene Testamente werden zu diesem Zwecke geöffnet; das offene Testament wird, auch wenn Erben oder andere Interessenten nicht erschienen sind, verlesen.

a) **Römisch**: seit der lex Julia de vicesima hereditatum geschieht die Eröffnung amtlich.

b) **Nach B** sind Interessenten tunlichst zu laden; die Eröffnung geschieht in einem Termine, der vom Nachlassgerichte bestimmt wird, sobald es vom Tode des Erblassers (z. B. durch die Polizeibehörde oder das Erbschaftssteueramt) erfährt. Eine **Anordnung** des Erblassers, durch die er die alsbaldige Eröffnung des Testamentes verbietet, ist nichtig.

IV. **Gemeinschaftliches Testament** ist die von zwei Personen (**nach B**: nur von Ehegatten) gemeinsam errichtete letztwillige Verfügung.

1. **Römisch**: testamentum simultaneum ist nur den Soldaten erlaubt.

2. **Deutsch**: nach der Rezeption sind wechselseitige Testamente (nach Analogie der Vergabungen von Todeswegen) erlaubt. Nach **code civil** sind gemeinschaftliche Testamente verboten.

3. **ALR**: berliner Testament, Band 21 46.

4. **Nach B** wird das gemeinschaftliche Testament **nur** bei Ehegatten erlaubt.

a) Die **Errichtung** geschieht: α) als ordentliches öffentliches Testament; β) als Dorftestament, auch wenn die Voraussetzung nur bei einem Ehegatten vorliegt; γ) als holographisches Testament, wobei es genügt, daß einer der Ehegatten das Testament in der vorgeschriebenen Form (w. o. Seite 25) errichtet und der andere Ehegatte die Erklärung beifügt, daß das Testament auch als sein Testament gelten solle; auch diese Erklärung muß unter Angabe des Ortes und Tages eigenhändig geschrieben und unterschrieben werden.

b) **Korrespektives Testament** ist ein gemeinschaftliches Testament, in dem die Ehegatten Erbeinsetzungen, Vermächtnisse oder Auflagen anordnen, von denen anzunehmen ist, daß die Verfügung des einen nicht ohne die Verfügung des anderen getroffen sein würde.

α) Die **Nichtigkeit** oder der Widerruf der einen Verfügung hat die Unwirksamkeit der anderen zur Folge.

β) Ein solches Verhältnis der Verfügungen zueinander ist im Zweifel anzunehmen, wenn sich die Ehegatten gegenseitig bedenken, oder wenn dem einen Ehegatten von dem anderen eine Zuwendung gemacht und für den Fall des Ueberlebens des Bedachten eine Verfügung zugunsten einer Person getroffen wird, die mit dem anderen Ehegatten verwandt ist oder ihm sonst nahe steht.

γ) Der **Widerruf** einer korrespektiven Verfügung erfolgt bei Lebzeiten der Ehegatten nach den für den Rücktritt von einem Erbvertrage geltenden Vorschriften; durch eine neue Verfügung von Todeswegen kann ein Ehegatte bei Lebzeiten des anderen seine Verfügung nicht einseitig aufheben. Das Recht zum Widerruf **erlischt** mit dem Tode des anderen Ehegatten; der Ueberlebende kann jedoch seine Verfügung aufheben, wenn er das ihm Zugewendete ausschlägt.

c) **Auslegungsregel**: haben die Ehegatten in einem gemeinschaftlichen Testamente, durch das sie sich gegenseitig als Erben einsetzen, bestimmt, daß **nach** dem Tode des Ueberlebenden der beiderseitige Nachlaß an einen **Dritten** fallen soll, so ist im Zweifel anzunehmen, daß der Dritte für den gesamten Nachlaß als Erbe des **zuletzt** versterbenden Ehegatten eingesetzt ist. Haben die Ehegatten in einem solchen Testament ein **Vermächtnis** angeordnet, das nach dem Tode des Ueberlebenden erfüllt werden soll, so ist im Zweifel anzunehmen, daß das Vermächtnis dem Bedachten erst mit dem Tode des Ueberlebenden zufallen soll.

d) **Unwirksamkeit** eines gemeinschaftlichen Testamentes tritt ein: 1. wenn die Ehe nichtig ist; 2. wenn sie vor dem Tode des Erblassers aufgelöst worden ist; 3. wenn der Erblasser zur Zeit seines Todes auf Scheidung wegen Verschuldens des anderen Ehegatten zu klagen berechtigt war und die Klage auf Scheidung oder auf Aufhebung der ehelichen Gemeinschaft erhoben hatte.

e) **Zurücknahme** kann nur von beiden Ehegatten gemeinschaftlich erfolgen.

f) Bei der **Eröffnung** eines gemeinschaftlichen Testamentes sind die Verfügungen des überlebenden Ehegatten, soweit sie sich sondern lassen, weder zu verkünden noch sonst zur Kenntnis der Beteiligten zu bringen. Von den Verfügungen des verstorbenen Ehegatten ist eine beglaubigte Abschrift anzufertigen. Das Testament ist wieder zu verschliessen und in die besondere amtliche Verwahrung zurückzubringen.

§ 9. Erbvertrag.

I. **Terminologie**:

1. **Erbvertrag** ist ein Vertrag über das Erbrecht; Kontrahenten sind: Erblasser und Erbe.

2. **Erbschaftsvertrag** ist ein Vertrag über eine noch nicht angefallene Erbschaft; Kontrahenten (in dem einzig erlaubten Falle, Band 1 44) sind die gesetzlichen Erben.

3. **Erbschaftskauf** ist ein Vertrag über eine bereits angefallene Erbschaft; Kontrahenten sind: Erbe und Käufer.

II. **Geschichtliche Entwickelung** der Erbverträge:

1. Dem **römischen** Rechte ist der Erbvertrag fremd, weil der Wille des Erblassers bis zum Tode widerruflich sein sollte.

2. **Deutsch**: der Erbvertrag ist ein Mittel zur Adoption eines Erben insbesondere für einen solchen Erblasser, der keinen wartberechtigten Erben hat; er war ursprünglich ein bloßer Vermächtnisvertrag (also über einzelne Stücke), später ein Erbeinsetzungsvertrag (also über das Ganze) zur Ernennung eines Erben.

3. Nach **gemeinem** Rechte ist der Erbvertrag ein unwiderruflicher, formloser, auch auf einen Teil des Nachlasses gerichteter Vertrag; **Unger** bezeichnet den Erbvertrag als ein unwiderrufliches Testament.

III. **Nach** B ist der Erbvertrag der dritte Berufungsgrund; in dem Erbvertrage liegt jedoch noch nicht eine Erbschaftsannahme; diese ist vielmehr erst nach dem Erbfalle möglich.

1. **Arten**:

a) **einseitiger Erbvertrag** ist ein Vertrag, durch den ein Erblasser den anderen Kontrahenten als Erben einsetzt;

b) **gemeinschaftlicher Erbvertrag** ist ein Vertrag, der zwei einseitige Erbverträge (rein äußerlich miteinander verbunden) enthält;

c) **gegenseitiger Erbvertrag** ist ein Vertrag, bei dem jeder Kontrahent den anderen zu seinem Erben einsetzt; die eine Einsetzung ist von der anderen abhängig und mithin ohne Wirkung, wenn die andere nichtig ist.

d) **Erbvertrag zugunsten Dritter** ist entweder ein restitutiver Erbvertrag, bei dem der Vertragserbe die Erbschaft einem Dritten herauszugeben hat, oder aber: der Dritte wird durch das dem Kontrahenten abgegebene Versprechen eingesetzt.

2. Der **Abschluß** erfolgt nur persönlich. Grundsätzlich ist die **Geschäftsfähigkeit** der Kontrahenten zu erfordern, aber bei Erbverträgen zwischen Ehegatten oder zwischen Verlobten kann ein Erbvertrag auch durch den beschränkt Geschäftsfähigen, im Falle einer Vormundschaft: mit Genehmignng des Vormundschaftsgerichtes, abgeschlossen werden.

a) Derjenige Kontrahent, welcher **nicht** Testator ist, kann sich vertreten lassen; sonst ist gleichzeitige Anwesenheit beider Teile und Abschluß vor Gericht oder Notar wie beim öffentlichen Testamente (also nebst Gerichtsschreiber bezw. Zeugen) erforderlich.

b) Ein **Ehevertrag**, der mit dem Erbvertrage verbunden wird, kann ohne persönlichen Abschluß begründet werden; in diesem Falle genügt die Form des Ehevertrages (nur Richter oder nur Notar).

c) **Inhalt des Erbvertrages**: vertragsmäßig können nur Erbeinsetzungen, Vermächtnisse und Auflagen festgesetzt werden.

3. **Wirkung** und Rechtsbeständigkeit des Erbvertrages.

a) Durch den Erbvertrag wird das Recht des Erblassers, über sein Vermögen durch Rechtsgeschäft **unter Lebenden** zu verfügen, nicht beschränkt.

α) Hat der Erblasser in der Absicht, den Vertragserben zu beeinträchtigen, eine Schenkung gemacht, so kann der Vertragserbe, nachdem ihm die Erbschaft zugefallen ist, von dem Beschenkten die Herausgabe des Geschenkes nach den Vorschriften über die Herausgabe einer ungerechtfertigten Bereicherung fordern. Der Anspruch verjährt in drei Jahren von dem Anfalle der Erbschaft an.

β) Hat der Erblasser den Gegenstand eines vertragsmässig angeordneten **Vermächtnisses** in der Absicht, den Bedachten zu beeinträchtigen, zerstört, beiseite geschafft oder beschädigt, so tritt, soweit der Erbe dadurch ausserstandgesetzt ist, die Leistung zu bewirken, an die Stelle des Gegenstandes der Wert.

γ) Hat der Erblasser den Gegenstand in der Absicht, den Bedachten zu beeinträchtigen, veräussert oder belastet, so ist der Erbe verpflichtet, dem Bedachten den Gegenstand zu verschaffen oder die Belastung zu beseitigen; ist die Veräusserung oder die Belastung schenkweise erfolgt, so steht dem Bedachten, soweit er Ersatz nicht von dem Erben erlangen kann, der unter a bezeichnete Anspruch gegen den Beschenkten zu.

b) Eine **Aufhebung** des Erbvertrages kann durch einen Vertrag der Personen, die den Erbvertrag geschlossen haben, erfolgen; nach dem Tode einer dieser Personen kann die Aufhebung nicht mehr erfolgen.

Die Aufhebung erfolgt in derselben Form; für die Aufhebung von Vermächtnissen oder Auflagen genügt ein Testament unter Zustimmung des anderen Kontrahenten. Der Widerruf seitens Ehegatten erfolgt durch ein gemeinschaftliches Testament.

c) Der **Rücktritt** ist statthaft, wenn ein entsprechender Vorbehalt gemacht ist, oder wenn der Bedachte sich so vergangen hat, daß ein Grund zur Pflichtteilsentziehung vorliegt.

d) **Nichtigkeit** tritt bei Formmangel, Geschäftsunfähigkeit rc. ein, insbesondere noch, wenn der Bedachte den Erbfall nicht erlebt hat.

e) **Anfechtung** tritt bei Irrtum, Drohung, Täuschung, Pflichtteilsverletzung ein. Berechtigt zur Anfechtung ist der Erblasser binnen einem Jahre seit der Kenntnis.

4. Die **Eröffnung** des Erbvertrages erfolgt durch das Gericht.

5. **Donatio mortis causa:** ein Schenkungsversprechen, das unter der Bedingung erteilt wird, daß der Beschenkte den Schenker überlebt, ist wie eine Verfügung von Todeswegen zu behandeln; ebenso ein schenkweise unter dieser Bedingung erteiltes Schuldversprechen oder Schuldanerkenntnis. **Vollzieht** der Schenker die Schenkung durch Leistung des zugewendeten Gegenstandes, so finden die Vorschriften über Schenkungen unter Lebenden Anwendung.

6. Ein **Vertrag**, durch den sich jemand verpflichtet, eine Verfügung von Todeswegen zu errichten oder nicht zu errichten, aufzuheben oder nicht aufzuheben, ist nichtig.

IV. **Besondere Regelung:** Höferecht Band 22 30—31; Anerbenrecht Band 22 31—32; Lehnrecht Band 22 7.

§ 10. Pflichtteil.

I. Das **römische** Noterbrecht hat drei Entwickelungsstufen.

1. Das **Gedenkungsrecht** nach den Zwölftafeln ist ein formelles Noterbrecht: der Erblasser darf seine sui nicht übergehen (Präterition); vielmehr muß er sie entweder einsetzen oder förmlich enterben, für letzteres ist keine Begründung erfordert. Die exheredatio muß im Testamente ausdrücklich erfolgen, und zwar bei **Söhnen** nominatim (Titius exheres

esto), bei **Töchtern und Enkeln** inter ceteros (ceteri exheredes sunto).

Durch den **Prätor** wurden die Intestaterben unde liberi unbedingt einsetzungsberechtigt; Söhne und Enkel waren nunmehr nominatim zu enterben und erhielten ev. bonorum possessio contra tabulas.

2. Das **Bedenkungsrecht** ist ein materielles Noterbrecht; im Gegensatze zum formellen kommt es hier nicht auf die Nennung des Namens, sondern auf die Höhe des Vermachten an, und nur aus **besonderen** Gründen ist eine Ausschließung statthaft.

a) In der Praxis des Zentumviralgerichtes ist die **querella juris antiqui** (querella inofficiosi testamenti) für den Fall gegeben worden, daß der Erblasser zu Unrecht einen Pflichtteilsberechtigten enterbt, übergangen oder zu gering bedacht hat; das Zentumviralgericht, das für Statussachen zuständig war (Band 8 5), fingierte: der Erblasser sei mit Beziehung auf die Enterbung quasi non sanae mentis gewesen.

b) **Pflichtteilsberechtigt** sind intestaterbberechtigte Deszendenten, Aszendenten, vollbürtige Geschwister und consanguinei; der Anspruch (portio legitima) geht auf ein Viertel des Intestaterbteils.

c) Wenn der Pflichtteil nicht ganz ausgesetzt war, dann konnte zur Ergänzung die **actio ad supplendam legitimam** erhoben werden.

3. Das **Pflichtteilsrecht** ist ein materielles Noterbrecht, das durch Justinian in Novelle 115 vom Jahre 542 eingeführt worden ist.

a) **Pflichtteilsberechtigt** sind Deszendenten und Aszendenten einander gegenüber; vollbürtige Geschwister jedoch nur, wenn ihnen eine persona turpis vorgezogen ist.

b) Eine **Enterbung** ist nur zulässig, wenn einer der von Justinian angegebenen Enterbungsgründe im Testamente angeführt ist und vom Erben bewiesen wird. α) Gegen die Deszendenten bestehen vierzehn Gründe, z. B. Tätlichkeit, schwere Beleidigung, Teilnahme an einer Giftmischerbande, Beruf als Schauspieler, unsittlicher Wandel der Tochter (falls die Eltern bis zum 25. Jahre nicht für einen Beruf sorgten), Ketzerei, Lebensnachstellung 2c. β) Gegen die **Aszendenten** bestehen acht Gründe, z. B. Lebensnachstellung, Ketzerei, Vernachlässigung in Geisteskrankheit 2c.

c) Der **Betrag** des Pflichtteiles ist ein Drittel, bei mehr als vier Erben die Hälfte der Intestatportion. Er kann jedoch anderweitig gedeckt sein; dagegen ist eine Belastung des Pflichtteiles nicht statthaft.

cautela Socini ist das Rechtsgutachten des Marianus Socinus (italien. Jurist, gest. 1556 in Siena), wonach der Erbe, wenn der Erblasser ihm mehr als seinen Pflichtteil, aber unter einer Belastung zugewendet hat, die facultas alternativa hat: Pflichtteil ohne jede Last oder grössere Zuwendung mit Belastung.

d) Die **querella iuris novi** ist die nach dem Inoffiziositätssysteme eintretende Anfechtungsklage im Falle des Verstoßes gegen das Pflichtteilsrecht. **Andere** Auffassungen:

α) **Nullitätssystem**: die Einsetzungen sind nichtig, querella nullitatis; hierbei kann aber **absolute** Nichtigkeit (in jedem Falle des Verstosses) oder **relative** Nichtigkeit (nur wenn der Pflichtteilsberechtigte selbst die Querell erhebt) angenommen werden.

β) **Gemischtes System nimmt Nichtigkeit an, wenn ein Grund überhaupt nicht genannt ist, dagegen Inoffiziosität, wenn ein unzutreffender Grund angegeben ist.**

e) **Verhältnis** der Novelle zum alten Rechte: 1. nach dem **Additional**- oder Korrektionssysteme bestehen beide nebeneinander; 2. nach dem **Derogations**- oder Reformsysteme hat die Novelle das alte Recht beseitigt.

II. **ALR**: Band 21 47.

III. Pflichtteilsrecht **nach** B 2303—2338.

1. **Pflichtteilsberechtigt** sind Abkömmlinge (also Kinder, Enkel usw.); Eltern (nur Vater und Mutter), Ehegatte.

2. Der Pflichtteilsanspruch ist **nicht** ein Erbanspruch, sondern ein **Geldanspruch** auf die Hälfte des Wertes des gesetzlichen Erbteiles.

a) Eine Erbeseinsetzung liegt im Zweifel **nicht** vor, wenn der Pflichtteil zugewendet wird.

b) Der Pflichtteil darf nicht beschränkt oder beschwert sein, sodaß die Hälfte des gesetzlichen Erbteiles immer von Lasten frei ist: es gilt die cautela Socini.

c) **Verjährung** in drei Jahren seit Kenntnis vom Erbfalle und der den Pflichtteilsberechtigten beeinträchtigenden Verfügung; allgemeine Ausschlußfrist: dreißig Jahre.

d) Kein Pflichtteil, wenn vorher Erbverzicht.

3. Die **Entziehung** des Pflichtteiles kann nur aus den im Gesetze bezeichneten Gründen erfolgen.

a) Der Erblasser kann einem **Abkömmlinge** den Pflichtteil entziehen: 1. wenn der Abkömmling dem Erblasser, dem Ehegatten oder einem anderen Abkömmlinge des Erblassers nach dem Leben trachtet; 2. wenn der Abkömmling sich einer vorsätzlichen körperlichen Mißhandlung des Erblassers oder des Ehegatten des Erblassers schuldig macht, im Falle der Mißhandlung des Ehegatten jedoch nur, wenn der Abkömmling von diesem abstammt; 3. wenn der Abkömmling sich eines Verbrechens oder eines schweren vorsätzlichen Vergehens gegen den Erblasser oder dessen Ehegatten schuldig macht; 4. wenn der Abkömmling die ihm dem Erblasser gegenüber gesetzlich obliegende Unterhaltspflicht böswillig verletzt; 5. wenn der Abkömmling einen ehrlosen oder unsittlichen Lebenswandel wider den Willen des Erblassers führt.

b) Der Erblasser kann dem **Vater** oder der **Mutter** den Pflichtteil entziehen, wenn sie einer der unter a Nr. 1, 3, 4 bezeichneten Verfehlungen sich schuldig machen.

c) Der Erblasser kann dem **Ehegatten** den Pflichtteil entziehen, wenn der Ehegatte sich einer Verfehlung schuldig macht, auf Grund deren der Erblasser auf Scheidung zu klagen berechtigt ist. Das Recht zur Entziehung erlischt **nicht** durch den Ablauf der für die Geltendmachung des Scheidungsgrundes bestimmten Frist.

4. Die Entziehung des Pflichtteiles erfolgt durch **letztwillige Verfügung**. Der Grund der Entziehung muß zur Zeit der Errichtung bestehen und in der Verfügung angegeben werden. Der **Beweis** des Grundes liegt demjenigen ob, welcher die Entziehung geltend macht.

Im Falle der Enterbung wegen unsittlichen Lebenswandels ist die Entziehung **unwirksam**, wenn sich der Abkömmling zur Zeit des Erbfalles von dem ehrlosen oder unsittlichen Lebenswandel dauernd abgewendet hat.

5. Das Recht zur Entziehung des Pflichtteiles erlischt durch **Verzeihung**. Eine Verfügung, durch die der Erblasser die Entziehung angeordnet hat, wird durch die Verzeihung unwirksam.

6. **Exheredatio bona mente**: hat sich ein Abkömmling in solchem Maſse der **Verschwendung** ergeben, oder ist er in solchem Maſse überschuldet, dass sein späterer Erwerb erheblich gefährdet wird, so kann der Erblasser das Pflichtteilsrecht des Abkömmlinges durch die Anordnung **beschränken**, dass nach dem Tode des Abkömmlinges dessen gesetzliche Erben das ihm Hinterlassene oder den ihm gebührenden Pflichtteil als **Nacherben** oder als **Nachvermächtnisnehmer** nach dem Verhältnisse ihrer gesetzlichen Erbteile erhalten sollen. Der Erblasser kann auch für die Lebenszeit des Abkömmlinges die Verwaltung einem **Testamentsvollstrecker** übertragen; der Abkömmling hat in einem solchen Falle Anspruch auf den jährlichen Reinertrag. Die Anordnungen sind **unwirksam**, wenn zur Zeit des Erbfalles der Abkömmling sich dauernd von dem verschwenderischen Leben abgewendet hat oder die den Grund der Anordnung bildende Ueberschuldung nicht mehr besteht.

§ 11. Erbunwürdigkeit.

I. **Gegensätze**:

1. **Enterbungsgründe** können, (nur vom Erblasser) zur Entziehung des Pflichtteiles verwendet werden.

2. **Erbunwürdigkeitsgründe** führen zur Entziehung einer angefallenen Erbschaft.

3. **Erbunfähigkeitsgründe** (Inkapazität) gestatten überhaupt keinen letztwilligen Erwerb (nur bei den Römern).

II. **Römisch**: ist ein Erbe unwürdig (indignus), dann tritt **Ereption** ein, d. h. die Zuwendung fällt als ereptorium an den Fiskus.

Fälle der Indignität: Verstoss gegen das SC. Silanianum, Zwang gegen den Erblasser, fideicommissum tacitum in fraudem iuris, Abschliessung eines Erbschaftsvertrages ohne die Zustimmung des Erblassers.

III. Erbunwürdigkeit **nach** B 2339—2345:

1. **Fälle** der Erbunwürdigkeit: **1.** wer den Erblasser vorsätzlich oder widerrechtlich getötet oder zu töten versucht oder in einen Zustand versetzt hat, infolgedessen der Erblasser bis zu seinem Tode unfähig war, eine Verfügung von Todeswegen zu errichten oder aufzuheben; **2.** wer den Erblasser vorsätzlich und widerrechtlich verhindert hat, eine Verfügung von Todeswegen zu errichten oder aufzuheben; **3.** wer den Erblasser durch arglistige Täuschung oder widerrechtlich durch Drohung bestimmt hat, eine Verfügung von Todeswegen zu errichten oder aufzuheben; **4.** wer sich in Ansehung einer Verfügung des Erblassers von Todeswegen einer strafbaren Urkundenfälschung schuldig gemacht hat.

Die Erbunwürdigkeit tritt in den beiden letzten Fällen **nicht** ein, wenn vor dem Eintritte des Erbfalles die Verfügung, zu deren Errichtung der Erblasser bestimmt, oder in Ansehung deren die strafbare Handlung begangen worden ist, unwirksam geworden ist, oder die Verfügung, zu deren Aufhebung er bestimmt worden ist, unwirksam geworden sein würde.

2. **Geltendmachung** der Erbunwürdigkeit erfolgt durch Anfechtung des Erbschaftserwerbes im Wege der Anfechtungsklage; der **Klageantrag** geht dahin, den Erben für erbunwürdig zu erklären.

a) Die Anfechtung ist erst **nach dem Anfalle** der Erbschaft **zulässig**. Einem Nacherben gegenüber kann die Anfechtung erfolgen, sobald die Erbschaft dem Vorerben angefallen ist.

b) Die Anfechtung kann nur **innerhalb eines Jahres** seit der Kenntnis vom Anfechtungsgrunde erfolgen. **Ausschlussfrist**: 30 Jahre.

c) **Anfechtungsberechtigt** ist jeder, dem der Wegfall des Erbunwürdigen, sei es auch nur bei dem Wegfalle eines anderen, zustatten kommt.

3. Die Anfechtung ist **ausgeschlossen**, wenn der Erblasser dem Erbunwürdigen verziehen hat.

4. **Wirkung**: ist ein Erbe für erbunwürdig erklärt, so gilt der Anfall an ihn als **nicht** erfolgt.

Die Erbschaft fällt **demjenigen** zu, welcher berufen sein würde, wenn der Erbunwürdige zur Zeit des Erbfalles nicht gelebt hätte; der Anfall gilt als mit dem Eintritte des Erbfalles erfolgt.

§ 12. Erbverzicht.

I. **Gegensätze**:

1. **Erbverträge** begründen neue Erbrechte oder sichern solche, die bereits vorhanden sind.

2. **Erbverzichte** (pacta renuntiativa) sind Verträge der verzichtenden Intestaterben; sie dienen der Zerstörung bestehender Erbrechte.

II. **Erbverzicht** nach B 2346—2352 ist ein gerichtlich oder notariell beurkundeter Vertrag, durch den Verwandte oder der Ehegatte des Erblassers auf ihr gesetzliches Erbteil (oder nur auf den Pflichtteil) verzichten.

1. **Abschluß** des Erbverzichtvertrages:

a) steht der Verzichtende unter **Vormundschaft**, so ist die Genehmigung des Vormundschaftsgerichtes erforderlich; steht er unter elterlicher Gewalt, so gilt das Gleiche, sofern nicht der Vertrag unter Ehegatten oder unter Verlobten geschlossen wird.

b) Der Erblasser kann den Vertrag **nur persönlich** schliessen; ist er in der Geschäftsfähigkeit beschränkt, so bedarf er nicht der Zustimmung seines gesetzlichen Vertreters. Ist der Erblasser geschäftsunfähig, so kann der Vertrag durch den gesetzlichen Vertreter geschlossen werden; die Genehmigung des Vormundschaftsgerichtes ist erforderlich.

2. **Wirkungen** des Erbverzichtes:

a) Verzichtet ein **Abkömmling** oder ein Seitenverwandter des Erblassers auf das gesetzliche Erbrecht, so erstreckt sich die Wirkung des Verzichtes auf seine Abkömmlinge, sofern nicht ein anderes bestimmt wird.

b) Verzichtet jemand **zugunsten** eines anderen auf das gesetzliche Erbrecht, so ist im Zweifel anzunehmen, dass der Verzicht nur für den Fall gelten soll, dass der andere Erbe wird.

c) Verzichtet **ein Abkömmling** des Erblassers auf das gesetzliche Erbrecht, so ist im Zweifel anzunehmen, dass der Verzicht nur zugunsten der anderen Abkömmlinge und des Ehegatten des Erblassers gelten soll.

§ 13. Erbschein.

I. **Preuß-Gesetz** vom 12. März 1869 betreffend die Ausstellung gerichtlicher Erbbescheinigungen.

1. **Gegensätze**: nach **preußischem** Rechte wird nur bei Intestaterben bescheinigt, daß eine Legitimation geführt ist; **nach B** wird bei Erben jeder Art eine Feststellung der Erbberechtigung getroffen, auf die der gutgläubige Erwerber sich stützen kann.

2. **Muster einer preussischen Erbbescheinigung**:

Von dem pp. Nachlassgerichte wird bescheinigt, dass als alleinige gesetzliche Erben des am etc. zu etc. angeblich testamentslos verstorbenen etc. 1. dessen Ehefrau pp., 2. dessen Kinder pp. sich legitimiert haben etc.

II. Erbschein **nach** B 2353—2370 ist eine vom Nachlaßgerichte ausgestellte Urkunde, in der das Erbrecht seiner Existenz und Größe nach bezeugt wird.

1. Der **Antrag** ist durch öffentliche Urkunden, ev. eidesstattliche Versicherung zu begründen.

a) Der Antragsteller hat **anzugeben**: **1.** den Erbfall, **2.** seine Stellung zum Erblasser, **3.** nähere Erbberechtigte, **4.** etwaige letztwillige Verfügungen, **5.** einen etwa über das Erbrecht anhängigen Rechtsstreit.

b) **Antragsberechtigt** ist jeder Erbe ohne Rücksicht auf die Art des Berufungsgrundes; Miterben können einen gemeinschaftlichen Erbschein erhalten.

2. **Wirkungen** des Erbscheines:

a) es wird **vermutet**, daß demjenigen, der im Erbscheine als Erbe bezeichnet ist, das im Erbscheine angegebene Erbrecht zustehe, und daß er nicht durch andere als die angegebenen Anordnungen beschränkt sei.

b) **Erwirbt** jemand von demjenigen, welcher im Erbscheine als Erbe bezeichnet ist, durch Rechtsgeschäft einen Erbschaftsgegenstand, ein Recht an einem solchen Gegenstande oder die Befreiung von einem zur Erbschaft gehörenden Rechte, so gilt zu seinen Gunsten der Inhalt des Erbscheines als richtig, **es sei denn, daß** er die Unrichtigkeit kennt oder weiß, daß das Nachlaßgericht die Rückgabe des Erbscheines wegen Unrichtigkeit verlangt hat.

c) Ebenso gilt der Erbschein als richtig, wenn an denjenigen, der im Erbscheine als Erbe bezeichnet ist, auf Grund eines zur Erbschaft gehörenden Rechtes eine **Leistung** bewirkt, oder wenn zwischen ihm und einem anderen in Ansehung eines solchen Rechtes ein Rechtsgeschäft vorgenommen wird, das eine Verfügung über das Recht enthält.

3. Der **Testamentsvollstrecker** kann auf seinen Antrag ein Zeugnis über die Ernennung erhalten; dieses Zeugnis wird wie ein Erbschein erteilt und behandelt.

§ 14. Erbschaftskauf.

I. **Erbschaftskauf** nach B 2371—2385 ist ein gerichtlich oder notariell beurkundeter Vertrag, durch den der Erbe die ihm angefallene Erbschaft verkauft.

1. **Pflichten des Verkäufers**:

a) **Der Verkäufer ist verpflichtet**, dem Käufer die zur Zeit des Verkaufes vorhandenen Erbschaftsgegenstände mit Einschluß dessen **herauszugeben**, was er vor dem Verkaufe auf Grund eines zur Erbschaft gehörenden Rechtes oder als Ersatz für die Zerstörung, Beschädigung oder Entziehung eines Erbschaftsgegenstandes oder durch ein Rechtsgeschäft erlangt hat, das sich auf die Erbschaft bezog.

b) Hat der Verkäufer **vor** dem Verkaufe einen Erbschaftsgegenstand verbraucht, unentgeltlich veräußert oder unentgeltlich belastet, so ist er verpflichtet, dem Käufer den Wert des verbrauchten oder veräußerten Gegenstandes (im Falle der Belastung: die Wertminderung) zu ersetzen. Die Ersatzpflicht tritt **nicht** ein, wenn der Käufer den Verbrauch oder die unentgeltliche Verfügung bei dem Abschlusse des Kaufes kennt. **Im übrigen** kann der Käufer wegen Verschlechterung, Unterganges oder einer aus einem anderen Grunde eingetretenen Unmöglichkeit der Herausgabe eines Erbschaftsgegenstandes nicht Ersatz verlangen.

c) Die Verpflichtung des Verkäufers zur **Gewährleistung** wegen eines Mangels im Rechte beschränkt sich auf die Haftung dafür: 1. daß ihm das Erbrecht zusteht, 2. daß es nicht durch das Recht eines Nacherben oder durch die Ernennung eines Testamentsvollstreckers beschränkt ist, 3. daß nicht Vermächtnisse, Auflagen, Pflichtteilslasten, Ausgleichungspflichten oder Teilungsanordnungen bestehen, 4. daß nicht unbeschränkte Haftung gegenüber den Nachlaßgläubigern oder einzelnen von ihnen eingetreten ist. — **Fehler** einer zur Erbschaft gehörenden Sache hat der Verkäufer nicht zu vertreten.

d) Die infolge des Erbfalles durch **Vereinigung** von Recht und Verbindlichkeit oder von Recht und Belastung erloschenen Rechtsverhältnisse gelten im Verhältnisse zwischen dem Käufer und dem Verkäufer als nicht erloschen; erforderlichen Falles ist ein solches Rechtsverhältnis wiederherzustellen.

2. **Begrenzung** des Umfanges der verkauften Erbschaft:

a) **Die Vorteile,** die sich aus dem Wegfalle eines Vermächtnisses oder einer Auflage oder aus der Ausgleichungspflicht eines Miterben ergeben, gebühren dem Käufer.

b) Ein Erbteil, der dem Verkäufer **nach** dem Abschlusse des Kaufes durch Nacherbfolge oder infolge des Wegfalles eines Miterben anfällt, ferner ein dem Verkäufer zugewendetes Vorausvermächtnis ist im Zweifel **nicht** als mitverkauft anzusehen; ebensowenig die Familienpapiere und Familienbilder.

3. **Pflichten des Käufers:** er ist dem Verkäufer gegenüber verpflichtet, die Nachlaßverbindlichkeiten zu erfüllen, soweit nicht der Verkäufer ihm dafür haftet, daß sie nicht bestehen; hat der Verkäufer **vor** dem Verkaufe eine Nachlaßverbindlichkeit erfüllt, so kann er von dem Käufer Ersatz verlangen.

4. Dem **Verkäufer** verbleiben die auf die Zeit **vor** dem Verkaufe fallenden **Nutzungen;** er trägt für diese Zeit die Lasten, mit Einschluß der Zinsen der Nachlaßverbindlichkeiten. Den **Käufer** treffen jedoch die von der Erbschaft zu entrichtenden Abgaben sowie die außerordentlichen

Lasten, die als auf den Stammwert der Erbschaftsgegenstände gelegt anzusehen sind.

5. Der Käufer trägt **von dem Abschlusse** des Kaufes an **die Gefahr** des zufälligen Unterganges und einer zufälligen Verschlechterung der Erbschaftsgegenstände; von diesem Zeitpunkte an gebühren ihm die Nutzungen, und er trägt die Lasten. Siehe dagegen beim Kauf überhaupt: Band 2 34.

6. **Ansprüche wegen der Verwendungen**: der Käufer hat dem Verkäufer die notwendigen Verwendungen zu ersetzen, die der Verkäufer vor dem Verkaufe auf die Erbschaft gemacht hat; für andere vor dem Verkaufe gemachte Aufwendungen hat der Käufer insoweit Ersatz zu leisten, als durch sie der Wert der Erbschaft zur Zeit des Verkaufes erhöht ist.

7. Den **Nachlaßgläubigern** haftet der Käufer von dem Abschlusse des Kaufes an unbeschadet der Fortdauer der Haftung des Verkäufers. Dies gilt auch von den Verbindlichkeiten, zu deren Erfüllung der Käufer dem Verkäufer gegenüber nicht verpflichtet ist (w. o. unter Nr. 3 und 4). Die Haftung des Käufers den Gläubigern gegenüber kann **nicht** durch Vereinbarung zwischen dem Käufer und dem Verkäufer ausgeschlossen oder beschränkt werden.

a) Für die Haftung des Käufers gelten die Vorschriften über die Beschränkung der Haftung des Erben. Er haftet unbeschränkt, soweit der Verkäufer zur Zeit des Verkaufes unbeschränkt haftet. Beschränkt sich die Haftung des Käufers auf die Erbschaft, so gelten seine Ansprüche aus dem Kaufe als zur Erbschaft gehörend.

b) Die Errichtung des Inventars durch den Verkäufer oder den Käufer kommt auch dem anderen Teile zustatten, es sei denn, dass dieser unbeschränkt haftet.

c) Der Verkäufer ist den Nachlassgläubigern gegenüber verpflichtet, den Verkauf der Erbschaft und den Namen des Käufers unverzüglich dem Nachlassgerichte anzuzeigen. Die Anzeige des Verkäufers wird durch die Anzeige des Käufers ersetzt. Das Nachlassgericht hat die Einsicht der Anzeige jedem zu gestatten, der ein rechtliches Interesse glaubhaft macht.

II. Die Vorschriften über den Erbschaftskauf finden entsprechende Anwendung auf den **Kauf einer von dem Verkäufer durch Vertrag erworbenen Erbschaft** sowie auf andere Verträge, die auf die Veräußerung einer dem Veräußerer angefallenen oder anderweit von ihm erworbenen Erbschaft gerichtet sind.

Im Falle einer Schenkung ist der Schenker nicht verpflichtet, für die vor der Schenkung verbrauchten oder unentgeltlich veräusserten Erbschaftsgegenstände oder für eine vor der Schenkung unentgeltlich vorgenommene Belastung dieser Gegenstände Ersatz zu leisten. Die Verpflichtung zur Gewährleistung wegen eines Mangels im Rechte trifft den Schenker nicht; hat der Schenker den Mangel arglistig verschwiegen, so ist er verpflichtet, dem Beschenkten den daraus entstehenden Schaden zu ersetzen.

A. W. Hayn's Erben, Berlin und Potsdam.

Guttentag'sche Sammlung

von

Lehrbüchern des Deutschen Reichsrechts.

Der Reichs-Civilprozess nach der Civilprozeßordnung vom 20. Mai 1898 und den Nebengesetzen. Von Geh. Justizrat, Professor Dr. Hermann Fitting. Elfte Auflage. 8°. Preis 7 Mk., geb. 8 Mk.

Der Reichs-Strafprozess. Von Prof. Dr. Heinrich Ernst Rosenfeld. 2. Auflage. 8°. Preis 6 Mk., geb. 6 Mk. 50 Pf.

Das Reichs-Konkursrecht und Konkursverfahren. Von Dr. Hermann Fitting. Dritte völlig neu bearbeitete Auflage. 8°. Preis 5 Mk. 50 Pf., geb. 6 Mk.

Das Deutsche Handelsrecht. Ein kurzgefaßtes Lehrbuch des im Deutschen Reiche geltenden Handels-, Wechsel- und Seerechts. Systematisch dargestellt von Geh. Justizrat, Professor Dr. Karl Gareis. Siebente Auflage. 8°. Preis 9 Mk., geb. 10 Mk.

Das Staatsrecht des Deutschen Reiches. Von Geh. Justizrat Dr. Philipp Zorn. Zweite völlig umgearbeitete Auflage.

— I. Band: Verfassungsrecht. 8°. Preis 8 Mk., geb. 9 Mk.

— II. Band: Verwaltungsrecht einschließlich des äußeren Staats-, Militär- und Seerechts. 8°. Preis 10 Mk., geb. 11 Mk.

Das Deutsche Reichs-Pressrecht unter Berücksichtigung der Literatur und Rechtsprechung systematisch dargestellt von Professor Dr. Franz v. Liszt. 8°. Preis geb. 4 Mk.

Recht des Bürgerlichen Gesetzbuchs
in Einzeldarstellungen.

Nr I. **Das deutsche Erbrecht.** Von **E. Strohal.** Dritte Auflage. 2 Bände geb. 22 Mk.

Nr. II. **Das eheliche Güterrecht.** Von **R. Schröder.** Dritte Auflage. Geb. 2 Mk. 75 Pf.

Nr. III. **Das persönliche Eherecht.** Von **L. Jacobi.** Zweite Auflage. Geb. 2 Mk. 75 Pf.

Nr. IV. **Das Recht der einzelnen Schuldverhältnisse.** Von **F. Schollmeyer.** Zweite Auflage. Geb. 6 Mk.

Nr. V. **Das Recht der Schuldverhältnisse in seinen allgemeinen Lehren.** Von **R. Stammler.** Geb. 6 Mk. 25 Pf.

Nr. VI. **Die Reichsgrundbuchordnung.** Von **P. Siméon.** Zweite Auflage. Geb. 3 Mk. 75 Pf.

Nr. VII. **Die allgemeinen Vorschriften über Rechte an Grundstücken.** Von **O. Strecker.** Geb. 3 Mk. 25 Pf.

Nr. VIII. **Die Deliktsobligationen** im System des B.G.B. Von **Franz v. Liszt.** Geb. 3 Mk. 55 Pf.

Nr. IX. **Verwandtschaft und Vormundschaft.** Von **P. Spahn.** Geb. 6 Mk. 75 Pf.

Nr. X. **Der Allgemeine Teil des Bürgerlichen Gesetzbuchs.** Von **R. Leonhard.** Geb. 11 Mk.

Nr. XI. **Das internationale Privatrecht** des B.G.B. Von **Th. Niemeyer.** Geb. 5 Mk. 25 Pf.

Nr. XII. **Das Recht der beweglichen Sachen.** Von **Heinrich Buhl.** Geb. 3 Mk. 75 Pf.

Nr. XIII. **Handbuch des Testamentsrechts.** Von **Heinrich Peiser.** Geb. 9 Mk.

FSC
www.fsc.org
MIX
Papier | Fördert
gute Waldnutzung
FSC® C083411

Kolibri 360 GmbH
Ferdinand-Jühlke-Straße 7
99095 Erfurt, Deutschland
produktsicherheit@kolibri360.de

Human Genetics

Anne Gardner Bsc DipRCPath
Principal Clinical Scientist (Molecular Genetics)

Rodney T. Howell BA FRCPath
Consultant Clinical Scientist (Cytogenetics)

Teresa Davies BSc PhD FRCPth CertMHS
Consultant Clinical Scientist (Cytogenetics)

Regional Cytogenetics Centre, Southmead Hospital, Bristol, UK

Series Editor:
C.J. Pallister PhD Msc FIBMS Cbiol MIBiol CHSM
Principal Lecturer in Haematology, Department of Biological and Biomedical Sciences,
University of the West of England, Bristol, UK

Viva Books Private Limited
New Delhi • Mumbai • Chennai • Kolkata • Bangalore • Hyderabad • Kochi

First Indian Edition 2008

VIVA BOOKS PRIVATE LIMITED

- 4737/23 Ansari Road, Daryaganj, New Delhi 110 002
  E-mail: vivadelhi@vivagroupindia.net, Tel. 42242200
- Plot No. 76, Service Industries, Shirvane, Sector 1, Nerul, Navi Mumbai 400 706
  E-mail: vivamumbai@vivagroupindia.net, Tel. 27721273, 27721274
- Jamals Fazal Chambers, 26 Greams Road, Chennai 600 006
  E-mail: vivachennai@vivagroupindia.net, Tel. 28290304, 28294241
- B-103, Jindal Towers, 21/1A/3 Darga Road, Kolkata 700 017
  E-mail: vivakolkata@vivagroupindia.net, Tel. 22836381, 22816713
- 7,S overeignP arkA partments,5 6-58,K .R .R oad, Basavanagudi, Bangalore 560 004
  E-mail: vivabangalore@vivagroupindia.net, Tel. 26607409, 26607410
- 101-102M ughalM arcA partments, 3-4-637t o6 41,N arayanguda,H yderabad 5000 29
  E-mail: vivahyderabad@vivagroupindia.net, Tel. 27564481, 27564482
- First Floor, Beevi Towers, SRM Road, Kaloor, Kochi 682 018, Kerala
  E-mail: vivakochi@vivagroupindia.net, Tel: 0484-2403055, 2403056

Published by arrangement with

Scion Publishing Limited
Bloxham Mill, Barford Road,
Bloxham OX15 4FF
UK

ISBN-10: 81-309-0602-3
ISBN-13: 978-81-309-0602-7

Published by Vinod Vasishtha for Viva Books Private Limited, 4737/23, Ansari Road, New Delhi 110 002. Printed and bound by Raj Press, R-3, Inderpuri, New Delhi - 110 012.